노을이 지는 공항

활주로

한국 전통 체험관

3층 출국장

누드 공항

누드공항

공항에 가면 세계가 보인다
누드공항

....

저자 김병중
초판 1쇄 2005년 7월 15일   발행인 송운하   발행처 (주)동인랑
Editorial Director 김인숙
Designer 김혜경·홍미희   Cover Design 박정석
Printing (주)백산인쇄

....

130-872
서울시 동대문구 회기동 60-110

대표전화	02-967-0700
팩시밀리	02-967-1555
출판등록	제 6-0406호
일본판매	삼중당 Tokyo
미국판매	샘터문고 LA

ISBN 89-7582-930-8

ⓒ 김병중, 2005

All right reserved. No part of this book may be reproduced, in any form or
by any means, without permission in writing from the publisher.

....

(주)동인랑 에서는 참신한 외국어 원고를 모집합니다.

누드공항

동인랑

여는 글

다 보여드리기 위하여...

　사람은 태어나서면서부터 옷을 입는다. 그렇다면 옷을 입는 이유는 더 아름다워지기 위해서인가 아니면 더 가리기 위해서인가?

　아담이 선악과를 따먹고 부끄러움을 느껴 몸을 가렸다는 것을 보면 아무래도 옷은 가리기 위한 용도에 더 가깝지 않나 싶다. 옷은 문화에 따라 많은 차이를 보인다. 그러므로 나라마다 고유한 옷이 있고 옷이 그 나라를 상징하는 중요한 역할을 하기도 한다.

　하지만 글로벌시대에는 모든 것을 하나로 아우르고 있다. 세계적인 미인들은 한결같이 옷으로 치장을 하기도 하지만 점점 옷을 벗는 누드 시대로 가고 있다.

　가리고 있으면 멋이 없고 벗어야 인기가 있는 세상이 되어 이제 옷을 벗고 있는 알몸 그대로 다 보여줄 때 그것이 가장 아름답다는 시대에 우리가 살고 있다.

　누드공항, 누드지붕, 누드엘리베이터, 누드길, 누드X-ray, 누드행정, 누드서비스 등 빠르게 누드화 되어가고 있는 인천국제공항을 이제 숨김없이 있는 그대로 다 보여주고 싶다.

　누드로 만나면 누구나 차별이 없고 누구나 같은 모습에서 같이 공감할 수 있다는 누드생각으로 이 책을 썼다. 가장 세계적인 공항에 세계적인 여행자와 세계적인 서비스가 제공되는 데 조금이나마 도움이 되도록 바다 위의 그린에어포트 Green airport, 인천국제공항을 찾는 모든 이들에게 이 책을 바친다.

2005년 누드 칠월
누드 공항에서 김 병 중 씀

CONTENTS

12_ 공항에 가면 세계가 보인다
14_ 작은 정부가 공항 안에
16_ 정이 많은 따뜻한 나라
18_ 향기로운 공항
20_ 누드공항
23_ 불이 꺼지지 않는 공항
26_ 노을이 아름다운 공항
28_ 공항은 좋은 관광 상품
31_ 공항은 아름다운 섬
34_ 공항에는 풍보가 적다
36_ 지붕위의 UFO
38_ 인천공항에도 용이 살고 있다
40_ 다리가 있는 섬은 섬이 아니다
42_ 밀레니엄홀 푸른 솔은

45_ 행운을 만나세요
47_ 문화공항의 작은 음악회
49_ 공항은 서점으로 통한다
52_ 호텔식당의 까치손님
54_ 침실에서 사람울음 소리가
56_ 공항에 자동차회사가 있다
58_ 화장실을 보면 문화가 보인다
60_ Cart는 무료입니다
62_ 모르면 ⓘ를 찾으세요
64_ 사람들이여 문을 찾아라
66_ 사람을 찾습니다
68_ 잃어버린 물건을 찾아드립니다
70_ 공항에는 노래방이 없다
72_ 인천국제공항에도 국내선이 있다

74_ 기브 미 아저씨
76_ 대나무 숲에서
78_ 빈총을 쏘는 사람들
80_ 여유 있는 출국
82_ 감시하는 수천의 눈
84_ 테러범을 잡는 특경대의 위용
86_ 모범택시가 모범인 나라
88_ 유니폼 경쟁시대
90_ 안경 쓴 승무원은 없다
92_ 귀가 아름다운 사람들
94_ 반바지 차림의 한국인
96_ 빌려서 사는 시대
98_ 귀한 손님이 되는 법
100_ 기도하는 여행자
102_ 입양 가는 아이들
104_ 유혹하는 눈빛
106_ 서울 김 서방 찾기
108_ 비행기도 바람을 탄다
110_ 승자와 패자
112_ 영화 촬영중입니다
114_ 꼭 한번 들러보고 싶은 곳
116_ 불어라 욘사마 열풍아
118_ 흡연방
120_ 만능의 세관인

122_ 신성한 신고
124_ 몸 괜찮으세요
126_ 마스크를 쓰지 않는 사람들
128_ 자기 가방도 못 찾는 사람
130_ 소리 나는 짐
132_ 줄을 잘 서는 주한 미국대사
134_ 정직한 신고
136_ 자진신고를 하면 특혜가 있다
138_ 좆또마떼
140_ 컴퓨터는 괜찮습니까
142_ 한국인은 한국인을 홀대하지 않는다
144_ 내 주머니 돈도 신고해야 하는 공항
146_ 가방만 봐도 출발지가 보인다

148_ 내가 누군지 아느냐?
150_ 골프채 가진 사람은 이리 오세요
152_ 전기 통하는 사이
154_ 그것은 보이지 않습니다
156_ 왜 나만 검사를 하나요
158_ 빈 케이스를 가지고 오면 검사를 받는다
160_ 난 아무것도 없는데요
162_ 이것은 선물 받은 것인데요
164_ 여행자의 휴대품은 이런 것
166_ 가장 아름다운 선물
168_ 술 한 병 사고 싶은데요
170_ 향수 2온스

172_ 잘못 만진 죄
174_ 악어는 죽어서 핸드백이 되지 않는다
176_ 병마개를 따도 술은 술입니다
178_ 몸에 좋다는 것들
180_ 물건을 빼앗기는 여행자
182_ 지금은 영수증 시대
184_ 세금 없으시면 나중에 내셔도 됩니다
186_ 급할 때는 사람이
188_ 특혜가 많은 세계 제2위의 공항
190_ 반송을 하지 않도록
192_ 보따리 무역
194_ 밀수는 나라에게 짓는 죄
198_ 이런 사람을 보셨나요

200_ 숨길 수 없는 몸과 옷
202_ 이름을 도둑질한 가짜
204_ 초콜릿이 보석이 되기도 한다
206_ 몸에서 소리 나는 사람들
208_ 살 빼는 약도 마약이다
210_ 마약은 비밀이 통하지 않는다
212_ 콘돔을 먹는 사람들
214_ 냄새나는 돌
216_ 개들의 행진
218_ 가짜 반지
220_ 시중에 보세품은 없다
222_ 우리는 무형문화재

공항에 가면...

공항에 가면 세계가 보인다

국제 공항은 국가의 관문이다. 외국에서 여행자가 입국할 때 가장 먼저 만나게 되는 곳이 공항이므로 공항에서 여행자가 느끼는 첫 감정은 매우 중요하다. 여행자가 저마다 여행 목적을 가지고 자기 나라의 편리하고 익숙한 공간을 떠나 낯선 여행지에서 처음으로 대하는 출입국 업무를 수행하는 공무원들이나 공항 종사자들의 태도와 표정은 아무래도 여행자들에게 많은 영향을 미칠 수밖에 없다.

그러므로 보다 즐거운 여행이 되기 위해서는 공무원들이나 공항종사자들이 여행자들에게 좋은 환경을 제공해야만 한다. 여행은 즐거움을 얻기 위한 목적 이외에도 사교나 친교, 휴양 등 정신적 육체적 건강을 위해, 그리고 인격도야를 위한 수양과 자기반성, 동경했던 미지의 세계에 대한 만남과 일탈을 통해 활력을 찾으려하는 것이기 때문에 여행자는 무엇을 누구에게 베풀기보다는 오히려 받기를 원하는 입장임을 알아야 한다.

이러한 여행 목적의 추구는 곧 국가의 관문에서 만나게 되는 공무원들이나 종사자들의 일거수일투족과 직접적인 관련성이 있다. 더욱이 공항이 정부의 축소판이라고 하리만치 각 기관들이 상주하며 주어진 업무를 함께 유기적으로 수행하고 있기 때문에 공항의 이미지나 친절도, 업무처리의 신속성과 효율성 등을 보면 그 나라의 수준이 쉽게 가늠되는 것이다. 이는 곧 공항이 질서가 없고 지저분하며 불편하기 이를 데 없다면 여행자의 입장에서는 다시 찾고 싶지 않은 나라가 될 것은 너무도 뻔한 일이다.

바다 위의 그린 에어포트 Green airport*, 바다 위에서 하늘 길을 여는 천혜의 인천국제공항은 우리 문화와 세계 문화가 접변하는 만남의 장소이다. 공항에 가서 조금만 대합실 의자에 앉아 있어 보라. 시간가는 줄 모르도록 여러 가지 재미있고 유쾌하고 신기한 광경들이 혼합되어 보여지는 유익한 시간들로 이어진다.

찾아가서 즐기는 여행이 아니라 제자리에 앉아서 세계를 보고 즐기는 생동감 있는 무료 여행이 되는 것이다. 사람을 찾는 모습, 얼굴 표정과 태도, 형형색색의 옷차림과 언어, 다양한 휴대품과 선물꾸러미 등을 보기도 하면서 재수가 좋은 날은 세계적인 유명스타를 볼 수도 있어 언제 시간이 지나가는지 잘 모르도록 정신이 빠지고 만다.

이런 모습을 보기 위하여 공항을 찾는 사람들이 많지는 않겠지만 때로는 24시간 언제나 지루하지 않는 다양한 볼거리가 있고 사시사철 24도의 일정한 온도가 유지되는 쾌적한 대합실의 안락한 의자에 앉아 휴식 같은 여행을 가져보는 것도 의미 있는 시간이 될 것이다.

해외여행은 아무나 할 수 없지만 공항은 누구나 쉽게 갈 수 있다. 공항에 가면 또 다른 세계를 만날 수 있고 그 만남을 통하여 우리는 여권과 비자가 필요 없는 편리한 이색여행을 즐길 수 있다. 우리는 세계화 시대에 뒤떨어지지 않는 세계인이 되기 위해서는 백화점 명품 쇼핑보다 가끔은 공항에 나가 눈으로 즐기는 여행을 통하여 세계를 만나보는 일도 필요할 것이다.

★그린 에어포트 Green airport – 하늘과 바다와 섬이 조화를 이루는 환경 친화적인 공항

작은 정부가 공항 안에

인천국제공항 내에는 공항업무의 신속한 처리와 지원을 위하여 정부 각 부처 공무원들이 근무하고 있다. 말 그대로 작은 정부가 국제공항 안에서 저마다 업무를 수행하고 있다. 일반인들은 보통 공항이라고 하면 대개 그곳에 근무하는 사람들이 세관직원이라고 알고 있으며, 무슨 일이 있으면 세관으로 전화를 하거나 세관에서 무엇을 어떻게 하였다는 식으로 말하고 있다.

그런데 차근차근 여행자의 이야기를 듣고 따져보면 세관이 아닌 경우가 많다. 흔히 여행자가 입국할 때에 통과하면서 들어오게 되는 지역을 C. I. Q Customs Immigration Quarantine*라고 한다. 이 지역은 입국여행자들을 제외한 일반인들은 허가 없이 출입을 할 수가 없다. 여행자가 출입국시 어떤 지역에서 무슨 일로 문제가 되었느냐에 따라서 해당 기관이 밝혀지게 되지만 대부분 세관의 문제라는 일반 여행자들의 인식은 쉽게 바뀌지는 않을 것으로 보인다.

세관은 물품에 대한 통관과 외국환신고 등의 업무를 맡고 있고, 출입국관리사무소는 출입국에 대한 심사업무를 맡고 있다. 검역은 사람과 식물검역과 동물검역으로 구분되는 데 사람은 국립검역소에서 담당하고, 식물은 식물검역소, 동물은 수의과학검역원에서 담당하고 있다.

그리고 테러 및 보안업무의 주관 및 조정 통제는 국정원, 영사 민원업무는 외교통상부, 공항의 범죄 등 치안 업무는 공항경찰대, 국군 관

★C.I.Q-C는 세관, I는 법무부출입국관리사무소, Q는 검역소의 영문 첫 글자를 말함

련 업무는 기무사, 병무신고 업무는 병무청, 마약단속 등의 업무는 검찰청, 공항시설물에 운영 및 관리에 대해서는 건교부와 공항공사가 맡고 있다. 또한 문화재 반·출입 업무는 문화재청, 날씨에 관한 업무는 기상청, 긴급구호와 화재방지 등을 맡은 소방방재청 등이 있고, 수출 진흥을 위한 KOTRA 대한수출무역진흥공사, 면세품을 판매하는 한국관광공사 등이 상주하고 있으며, 이밖에도 여러 항공사와 면세품판매점, 조업협력업체와 용역업체 등이 공항에 상주하고 있다.

이렇게 많은 기관과 업체 등이 상주하고 있는 이유는 상황 발생시 보다 긴밀한 협조와 신속한 대처로 여행자의 편의 제공이 그 목적이라고 할 수 있다. 예를 들어 공항 내 휴지통에서 실탄 한발이 발견되면 국정원과 공항경찰대, 기무사, 세관 등 관련 기관 시스템이 신속하게 가동되어 발생된 문제를 신속 정확하고 일사분란하게 처리하는 체제를 갖추고 있다.

국제공항에 가면 작지만 아름답고 깨끗한 작은 정부가 있어 여행자들이 그만큼 편리하며 안전하게 공항을 이용할 수 있다. 그래서 출입국과 관련되어 발생되는 절차를 신속하게 서비스 받고 있는 만큼 여행자들은 정해진 규정의 준수는 물론 공항에 있는 작은 정부의 아낌없는 노력에 다함께 협조와 이해도 요구되는 것이다.

정이 많은 따뜻한 나라

우리나라의 공항에 가면 언제나 많은 사람들로 북적댄다. 어디건 사람들이 많아야 사는 맛이 나는 데 국제공항 역시 시골 장날처럼 많이 북적여야 생동하는 맛이 있고 역동적이다. 동편에서 서편까지 길이가 5리 정도나 되는 엄청나게 큰 규모의 공항이 조용하다면 그 공항은 세계적인 공항 대열에 합류하지 못하는 수준 이하의 공항밖에 되지 못할 것이다.

예로부터 우리나라는 동방예의지국이라 불리듯 손님을 맞이하고 배웅하는 것이 남다르다는 것을 알 수 있다. 손님을 맞이할 때나 떠나 보낼 때 그냥 집안에서 인사를 하지 않고 대문 밖까지 나가서 인사하는 것을 기본적인 예의로 알고 있다.

그러므로, 외국에서 손님이 입국을 한다든지 가까운 분이 해외로 출국을 하는 경우 당연히 공항까지 나가서 인사를 하는 일이 관습처럼 되어 있다. 이런 문화적 관습들이 아직까지 그대로 남아 있어 공항은 붐빌 수 밖에 없으며 이것은 곧 우리가 정이 많은 따뜻한 민족임을 입증해주는 단면이라 할 수 있다.

공항에서 한 여행자의 사회적 수준이나 지명도를 알려면 간단하다. 그 사람이 출입국할 때 환영객이나 환송객의 숫자를 보면 쉽게 파악 할 수 있다. 예를 들어 그룹 회장이나 대단히 높은 분들이 해외를 나간다고 하면 공항에는 검은 고급승용차의 행렬과 검은 양복을 입은 사람들의 줄이 잘 보이지 않을 정도가 되는 것이다. 그리고 유명 연예인이 입국할 때도 단발머리 오빠부대들의 규모만으로도 그들의 인기를 짐작하고도 남음이 있다.

그러나 우리의 이런 정이 많고 사람 냄새나는 따뜻한 풍경들도 이제 조금씩 줄어들며 서서히 서구 문화를 닮아가고 있다. 집에서 인사

를 나누는 것이 그만큼 여행자에게 부담을 덜어주고 시간 절약과 부대경비 절감이라는 좋은 측면이 있지만 왠지 우리의 아름다운 전통문화가 사라지는 듯한 느낌이 들어 한편으로는 씁쓸한 기분이 들기도 한다.

오늘도 공항에 있는 만남의 광장과 출입국 대합실에는 사람과 사람들이 만남의 기쁨과 석별의 아쉬움을 나누기에 바쁘고 인천국제공항의 넓은 품 안의 사랑 온도계는 한여름 기온처럼 식을 줄 모르고 뜨겁게 위로만 올라가고 있다.

향기로운 공항

향기로운 냄새가 기분을 좋게 하는 것을 이용하여 향기 사업이 널리 퍼져 나가고 있다. 허브 향기를 이용한 여러 가지 제품이 팔리고 있고 허브로 꽃밥을 지어 팔기도 한다. 향기가 나는 목욕물이 있고, 향기가 나는 베개, 향기가 나는 옷, 향기가 나는 펜, 향기가 나는 종이, 향기가 나는 차가 사람들을 향기롭게 만드는 세상이다.

우리는 눈을 감고도 향기를 맡을 수 있다. 책에서 나는 잉크 향기도 느끼고 음식에서 나는 향기만으로도 무슨 음식인가를 잘 알아내며 사계절에서도 봄 향기와 여름 향기를 가려낼 수 있다.

하지만 아무리 꽃향기가 후각을 자극하여 사람들의 청각과 시각까지 사로잡는다 하더라도 역시 향기는 사람에게서 날 때 가장 향기롭다.

그런 향기가 공항에 가면 어디선가 은은히 비쳐온다. 그 냄새를 따라가면 비행기의 날개, 거기에서 어머니 향기가 난다. 그 비행기 품안에서 달콤한 어머니 젖 냄새가 난다. 수많은 사람들을 한가슴에 따뜻하게 안고 저 푸른 창공을 어디든지 원하는 대로 날아가는, 그래서 비행

기의 품은 더 아늑하고 따뜻하며 그윽한 향기가 더 많이 느껴진다.

공항에 가면 어머니 향기 외에 또 다른 특별한 향기가 있다. 사람들의 몸에서 나는 세계의 향기를 맡을 수 있다. 한국인의 향기는 마늘 향기에 가깝고, 미국인에게서는 치즈 향기가 난다. 중국인에게서는 금방 끓인 청국장 향기가 나고 인도 사람들에게서는 카레 향기가 나며, 러시아 사람들에게는 보드카 향기가 난다.

향기가 있어 더 아름다운 공항, 승무원들에게서 나는 냄새는 왜 더 향기롭게 느껴지는가? 그것은 그들의 부드럽고 아름다운 미소가 섞여 있기 때문이다. 아니 그들의 향기는 진심어린 마음에서 우러나는 순수하고 때 묻지 않은 향기이기 때문이다.

이제 공항은 향기로운 사람들의 집이 되어야 한다. 미소의 향기, 친절의 향기, 우정의 향기, 만남의 향기, 질서의 향기, 감사의 향기 같은 사람들을 사로잡는 이런 향기들로 가득한 공항이 되어야 한다. 이런 향기는 사람이 꽃이 되어야 하는 향기이며 향기가 오래 남는 값비싼 명품 향기로 우리도 그런 향기 하나쯤 품고 살아가야 하지 않겠는가?

누드공항

누드는 가리는 것 없이 있는 그대로를 노출시키는 것이다. 말하자면 자연 그대로이며 숨김이 없는 것으로 이 세상에는 만물의 영장이라 부르는 사람들을 제외하면 모두 누드로 살아가고 있다. 그런데 그 누드가 많은 사람들의 관심을 끄는 것은 사람들의 숨겨진 부분에 대한 호기심과 그것이 상품으로 등장하여 여러 사람들의 잠재된 본능적인 충동을 자극하기 때문이다.

인간은 인위적으로 가린 몸에서 더 수준 높은 도덕성을 추구하지만 몸을 가린 옷을 벗겨낼 때 오히려 거기에서 더 큰 미적 감흥을 느낀다는 아이러니를 갖고 있다. 가린 도덕과 벗은 예술이라는 등식은 아무래도 자연스럽지 못하게 느껴진다. 자연이 인공보다 더 아름다운 것은 누드 자체가 우리에게 더 가감 없는 신선한 미적 에너지를 제공해 주기 때문이다.

이렇게 벗은 몸으로 누드를 찍어 한동안 세상을 떠들썩하게 만들던 유명스타들의 누드 열풍은 이제 건축물과 가전제품 등 우리들의 생활 속으로 퍼져 가고 있다. 인천국제공항 여객청사도 예외는 아니어서 건축물 외벽이 3만 여장의 유리로 되어 있고 대부분의 천정도 자연채광이 되도록 유리로 되어 있어 그야말로 동화 속에 나오는 아름다운 유리성처럼 보이고 있다.

그리고 여객터미널 중앙 밀레니엄홀 부근으로 각종 편의 시설을 집중 배치하고 대규모 오픈 공간에는 하이테크적인 누드 엘리베이터가 설치되어 있다. 환경친화적인 조경과 연못 설치로 인해 자연적인 요

소와 인공적인 요소가 잘 조화를 이루는 상징적 공간이 되어 누드 엘리베이터를 타고 보면 마치 투명한 볼륨을 통해 훤히 보이는 여행자들의 움직임과 공간적 이미지에 동적인 요소가 부여된 것이 너무도 아름답게 보인다.
 또한 건물 이층 앞쪽 동서로 길게 난 누드길-반투명 유리로 된 길

을 걸을 때 마다 대리석바닥과 사뭇 다른 부드러운 느낌이 닿는다. 바닥이 유리로 되어 있어 이 길을 "치마를 입고 걸어가면 속옷이 보인다"는 소문을 낸 다음부터 한동안 남자들만의 호젓한 길이 되기도 했지만 그것은 사실과 다른 유언비어로 밝혀졌다.

이렇게 누드 열풍은 더 나아가 미국 R사의 '스트립스캐너' 라는 첨단 장비의 개발로 이어져 이 검색기로는 여행자들의 누드 이미지를 훤히 볼 수 있기 때문에 여행자가 옷 속에 숨긴 무기나 폭발물을 찾아내는 데 까지 발전되는 등 앞으로도 누드는 유행은 쉽사리 끝나지 않을 것 같다. 누드는 공항을 더 고급화와 차별화가 되도록 만들었지만 이보다 더 중요한 것은 공항 근무자들의 고객을 위한 응대와 업무처리도 보다 투명하고 깨끗하며 신뢰받는 누드행정, 누드서비스가 되었으면 한다.

불이 꺼지지 않는 공항

세계는 지금 국경 없는 무한경쟁시대를 맞이하여 24시간 경쟁체제에 돌입하고 있다. 24시간 편의점은 이미 오래 전부터 있어 왔고, 24시간 어린이집, 24시간 퀵서비스, 24시간 방송국, 24시간 은행이 속속 등장하고 있는 가운데 인천국제공항도 2001.3.29일 개항부터 24시간 체제로 운영되고 있다.

하루 24시간 내내 불이 꺼지지 않는 공항, 동북아 중심지이며 허브 Hub 공항인 인천국제공항은 언제나 깨어있는 공항이다. 외국에서 비행기가 언제든

지 입항하고 그에 따른 부수적인 기능도 쉼 없이 시시각각으로 돌아가고 있는 곳이다. 이러한 운영에는 공무원들과 항공사 종사자 등 많은 인력들이 꼬박 밤을 새우며 세계 도처에서 달려오는 여행자들을 친절하고 따뜻하게 맞이하고 있다.

봄 가을철에 인천국제공항이 안개 등의 기상사정 악화로 인하여 비행기 착륙이 어려울 경우 예전에는 김해공항에 일시 착륙하였다가 다시 입항하는 절차를 거쳤으나 요즘은 김해공항 대신 김포국제공항을 이용하고 있다. 특히 안개가 장시간 동안 걷히지 않을 경우 공항에 일시

24 누드공항

착륙하였다가 다시 회항하지 않고 김포국제공항에서 직접 입국절차를 밟도록 하여 여행자들에게 더욱 편리한 서비스를 제공하고 있다.

　인천국제공항은 섬을 매립하여 만든 공항으로 만들었기 때문에 바다에서 불어오는 바람으로 인하여 특히 공기가 맑으며 밤하늘의 별들도 유난히 더 많이 보인다. 공항을 조금 먼발치에서 바라보면 바다 한가운데 궁전 하나가 떠 있는 것처럼 참으로 아름답게 보인다. 잠들지 않는 바다와 잠들지 않는 별들의 반짝임, 그리고 잠들지 않는 공항이 어우러져 영종도의 밤은 그야말로 아름다운 불꽃잔치가 벌어지고 있다.

　우리나라의 경제발전을 일컬어 한강의 기적이라고 불렀다면 지금은 인천국제공항이 새로운 신화를 만들어가고 있는 중이라는 표현이 더 적절할 것 같다. 2008년 2단계, 2020년까지 3단계 공사가 끝나고 나면 세계에서 가장 훌륭한 공항이 될 것이다.

　보아라, 저 꺼지지 않는 인천국제공항의 관제탑 불빛은 우리나라가 세계의 중심이오, 그 불빛 속에 우리들의 민족정신이 별처럼 찬란하게 빛나고 있지 않은가?

노을이 아름다운 공항

일출의 화려함도 좋지만 일몰의 은은한 아름다움이 바다 위에 향기로운 붉은 장미축제를 벌이고 있는 모습을 지켜보노라면 우리는 지나간 시간들을 생각하고 다가올 내일을 기약하기도 하면서 검은 어둠 속에 불꽃처럼 퍼덕이던 영혼의 날개를 조용히 접어버리고 만다. 하루 한번씩 벌어지는 의식이지만 그것은 숭고한 영혼의 세례식 같은 것, 아프게 몸을 풀며 세상을 잠시 핏빛으로 물들이고 사라지는 노을은 그저 아무 곳에서나 다 볼 수 있고 모두 아름다운 것은 아니다.

서해 바다 강화만의 노을에는 그윽한 향기가 난다. 광활하게 펼쳐진 개펄에서 풍겨나는 짭조름한 바다 내음과 해변가로 울창하게 우거진 해송들의 푸르게 빗질하는 머리카락 내음과 푸른 파도가 한없이 몰고 오는 이국의 비린 내음이 한데 어우러져 하나의 빛으로 점화되어 타오를 때 그것은 한 폭의 풍경이 아니라 열반스님의 다비식 같은 장엄하고 신비로운 느낌을 갖지 않을 수 없다.

노을은 지평선이나 수평선과 함께 있을 때 더 아름답다. 영종도 서해바다의 노을은 수평선과 끝없이 펼쳐진 개펄이 노을의 아름다움을 배가시킨다. 이런 노을이 있는 자연의 아름다움은 어쩌면 문화유적의 가치보다 뒤지지 않는다고 말할 수 있다. 이처럼 아름다운 노을을 주제로 삼아 노을 축제를 개최하는 도시도 생겨나고 있다.

노을이 있어서 더 아름다운 공항, 노을이 지고 나면 아름다운 별빛 축제가 이어지는 공항, 아침이면 금빛 햇살 속에 괭이갈매기들의 눈부신 축제가 벌어지는 공항은 여러 모습으로 변신하며 또 다른 아름다운 자태를 자랑하고 있다. 아마도 세계의 미항을 손꼽는다면 이제 인천국제공항을 빼 놓고서는 이야기가 되지 않을 듯싶다.

공항에서 서해바다 쪽을 바라보면 팔미도 등대와 무의도가 춤을 추며 성큼 다가오고 그 옆으로는 영화로 더 유명해진 실미도와 고운 모래사장이 넓게 펼쳐져 있는 을왕리 해수욕장이 있다. 해안으로는 사십리나 되는 해당화길이 이어지고 해송들이 무리지어 선 숲 속에는 횟집들이 보이는 데 그곳은 조개구이와 칼국수도 꽤나 유명하다. 이제 공항에 가면 서해바다로 지는 아름다운 노을을 바라보며 저마다 가슴속에 품은 꿈을 붉게 물들여 보는 것도 참 운치 있는 일이 될 것이다.

공항은 좋은 관광 상품

　관광은 인간이 가진 하나의 본능이다. 인간에게는 본래 점령하고자 하는 욕구와 새로운 것에 대한 호기심이 있으며 이를 실제 행동으로 옮기려는 지향성이 존재한다. 그래서 여행은 점점 새롭고 색다른 경험을 추구하고자하며 저마다 예전의 경험을 능가하는 특화된 볼거리를 원하게 된다. 이러한 점에서 볼 때 인천국제공항은 하나의 새로운 관광 상품으로 손색이 없으며 벌써 여러 여행사에서 좋은 관광 상품으로 출시하여 많은 사람들에게 인기 있는 볼거리를 제공하고 있다.

　인천국제공항의 건물은 우리나라의 전통문화 양식을 형태와 재료, 색채를 반영하여 외관은 공기와 물의 역학적 흐름과 대형선박의 돛대를 구상화하여 전체적으로 유연한 리듬감과 안정성 및 예술적 조형미를 갖춘 단일 건물로는 국내 최대규모를 자랑하고 있다.

　그리고 이층으로 된 길고 멋진 영종대교, 서해의 푸른 바다와 광대한 개펄, 영화 촬영으로 유명해진 실미도와 천국의 계단 촬영지인 무의도의 하나개해수욕장, 서울에서 육로로 이어진 가장 가까운 을왕리해수욕장과 서해의 노을, 해변가 횟집들과 포장마차, 바닷물을 퍼 올려 만든 해수탕 등이 있어 하나의 패키지 상품으로 충분한 가치를 가지고 있다.

　인천국제공항에는 하루에도 이런 관광을 오는 사람들의 행렬이 자주 보인다. 대체로 나이가 지긋하신 어른들이 많으며 때로는 어린 유치원생들과 학생들의 모습도 심심하지 않게 눈에 띈다.

　가이드가 안내하는 대로 줄지어 따라다니는 그들은 사뭇 즐거운 표정이며, 딴은 어리둥절해 하는 느낌도 어렵지 않게 읽을 수 있다.

가이드는 중앙 밀레니엄 홀에서 설명에 더욱 열을 올린다. 설명인즉 이 소나무는 모형 소나무인데 가격이 얼마나 된다든지, 이 공항의 부지가 1,700만평으로 여의도 면적의 18배나 되고, 잔디면적은 127만평으로 18홀 골프장 10개의 규모이며, 관제탑은 100.4m인데 22층 빌딩 높이 정도로 세계 공항 관제탑 중 3번째로 높고, 건축물 크기는 15만평으로 63빌딩의 3.1배가 되는 등의 숫자를 잘잘 외는 게 신기할 정도이다.

 이런 국내 최고의 기술력과 문화적 역량이 집대성 된 기념비적인 건물을 두고 그래도 부족한 점을 말하라고 한다면 미국 시카고 오헤어공항처럼 공항의 건축물 내외에 예술적인 조각이나 조형물들을 설치하여 보다 예술적인 느낌이 풍기는 문화공간으로 만들어졌으면 하는 점이다. 이제 인천국제공항이 세계적인 공항으로 발돋움하기 위해서는 단순히 공항의 큰

규모나 시설 확장만이 아닌 문화적 역량을 키워야 한다는 점을 시사해 주고 있다.

그러므로 인접한 강화도 문화유적과 연계한 관광이나 북한과 연계한 판문점과 금강산 관광 등의 상품의 개발도 검토해 볼 필요성이 있다. 결국 국제 간에도 관광을 통하여 국제긴장 완화와 우애정신, 상호이해, 인권존중, 국제협력증진 등의 원동력이 된다는 점에서 더욱 절실한 것이다.

공항은 아름다운 섬

여의도는 한강에 있는 떠 있는 하나의 섬이다. 그렇지만 그곳을 누구도 섬이라고 생각하지 않는다. 섬은 적어도 사방이 물로 둘러싸여 있어야만 섬으로 보이기 때문이다. 이 섬에 있던 여의도 광장이 지금은 공원으로 조성되어 있지만 이곳이 예전에는 여객기와 군용기가 뜨고 내리던 공항 활주로가 있던 자리였다.

그 자리에는 1916년 여의도 비행장이 개항되었고, 이후 1958년 김포국제공항으로 옮겨 문을 열었다. 그동안 김포국제공항에 국제선 청사 2개소와 국내선 청사 1개소로 운용하다가 다시 2001. 3. 29일 국제선을 영종도로 옮겨 지금의 인천국제공항이 개항되었다.

인천국제공항은 영종도와 용유도의 섬과 섬 사이를 매립하여 공항을 건설하였다. 그런데 왜 하필이면 섬에다 공항을 지었겠는가 하는 의문이 생긴다. 사실 1,700만평에 이르는 광대한 땅을 공항부지로 매입하기에는 엄청난 비용이 들기 때문에 차라리 공유수면을 매립하는 것을 선택하여 영종도에 있던 고만고만한 산들을 모두 깎아 바다를 메우는 거대한 역사가 벌어진 것이다.

섬은 공기가 맑아 시야도 양호하며 장애물이 적어 비행기 안전운항에 도움이 되고 소음 피해도 적을 뿐 아니라 안개가 끼는 일수도 김포국제공항보다 더 적기 때문에 영종도에 공항을 지은 또 다른 이유가 된다. 그동안 우리나라 공항의 잦은 이전을 보면서 백년대계를 내다보지 못한 아쉬움도 남지만 이제 인천국제공항은 그런 문제를 걱정할 필요가 없는 동북아시아의 허브 Hub 공항으로서 세계적인 공항으로 점차 자리매김해가고 있다.

영종도도 서서히 섬이라는 맛이 사라지고 있다. 섬은 갈매기와 등대와 바다 안개, 갯바위와 파도와 그물과 어부가 있고 심심하지 않게 뱃고동 소리가 들려야 하지만 섬에 공항이 생긴 후 거대한 개펄이

많이 사라지고 고속도로로 연결된 섬은 거리감도 없이 줄줄이 이어지는 긴 차량의 행렬로 섬만의 적막감과 쾌적함이 사라지고 있다.

그러나 영종도는 하나의 세계적인 문화의 섬이 되어 은빛 날개를 가진 비행기들이 흰 갈매기들의 눈부신 비상처럼 푸른 창공을 가득히 날고 있다. 이제 영종도에 가면 새들의 섬과 비행기의 섬이 하나로 공존하는 활력 넘치는 아름다운 섬을 만날 수 있다.

공항에는 뚱보가 적다

　공항건물은 다른 어느 건물보다 크고 길며 넓은 것이 특징이다. 인천국제공항 여객청사의 경우 동편에서 서편까지의 거리가 1.06Km가 되는데 이 거리를 왕복하면 2Km가 넘는다. 동편에서 서편 사무실을 다녀 올 때 약 30분정도가 걸린다. 전동청소차를 몰고 다니는 미화원아줌마 뒤에 타는 신세를 지지 않는 한 별다른 방법이 없고 그렇다고 버스 한 정거장을 차비를 내고 타고 가기도 어정쩡한 일이다.

　때로는 여유를 가지고 걸어도 보지만 생각보다 꽤 먼 거리를 걸어 다니는 것이 쉽지는 않다. 왜냐하면 바닥이 대리석이어서 약간 미끄러운 느낌이 들기도 하고 오가는 길에는 많은 사람들이 붐비고 있어 이를 일일이 비켜서 가야하기 때문이다. 다른 사람들과 몸이라도 부딪치거나 진로라도 방해하면 "죄송합니다"라는 인사를 하면서 가야 하는 길이라 더 신경 쓰이고 속도감을 갖고 걷기는 어려운 일이다.

　그렇지만 공항에 근무하는 직원들은 동에서 서로, 다시 서에서 동으로 몇 번씩 그 길을 오고 가야만 하루 일이 끝난다. 그러므로 그 직원들은 뚱보가 적은 편이고 대체로 날씬한 사람들이 많다. 세계적인 장수마을이 산 중턱에 있다는 것도 그만큼 생활 속에서 많이 걷는 효과를 보고 있는 것과 공항 근무자들의 날씬한 것과는 무관하지 않게 보인다.

　그렇게 걷기 때문에 따로 운동을 하거나 다이어트를 하지 않아도 살이 찌지 않는 것이다. 요즈음 간혹 대합실 내에서 인라인을 타고 다니는 사람이 보이지만 그것은 매우 위험한 일이다. 사람들이 붐비는 곳에서 그것을 탄다는 것은 충돌하지 않는 재주가 따로 있지 않는 한 다른 사람들과 몸을 부딪거나 불편을 주게 된다. 인라인을 타지 말 것을 방송을 하기도 하지만 그렇다고 다 지켜지는 것은 아니다.

요즈음 웰빙 바람이 불고 있다. 건강하고 날씬하게 사는 방법으로 사람들에게 걷기를 권하고 있다. 걷기운동은 다른 어느 운동보다 신진대사를 원활하게 하고 뱃살이 빠지며 날씬한 몸을 만드는 데 도움이 된다는 이유로 인기가 높다. 공항에 근무하는 사람들은 근무도 하면서 운동도 하는 일석이조의 효과를 거두게 되어 주어진 업무만 충실히 한다면 별도로 운동은 하지 않아도 될듯하다.

공항에 가서 시간적인 여유가 있으면 한번쯤 동편에서 서편 끝까지 그렇게 걸어보라. 지루한 시간도 유익하게 보내게 되고 운동도 되며 낯선 얼굴들 속에 혹시 아는 사람이라도 있는지를 살피면서 걷다보면 약속도 하지 않고 보고 싶은 반가운 사람도 만나게 되는 재수 좋은 날이 될 수도 있다.

지붕위의 UFO

머지않아 우주시대가 열려 달나라 여행이 가능하다고 한다. 얼마 전에는 달을 개인에게 돈을 받고 분양하는 것을 보면서 이제 지구는 작은 촌락처럼 생각되어진다. 이처럼 지구가 작게만 느껴지도록 만드는 것은 끝없이 펼쳐진 하늘을 나는 비행기 때문이며, 비행기를 타고 세계를 여행하는 것은 곧 작은 우주여행인 것이다.

우리는 비행기가 굉음을 내면서 활주로를 이륙하여 구름위로 나를 때 인간으로서 자부심과 성취보다는 무변광대한 창공과 발밑으로 보이는 희미한 육지의 모습에서 인간이 한낱 미물에 불과하다는 것을 더 크게 느끼게 된다. 그러나 인간은 그동안 우주를 정복하고자 하는 꿈을 실현하기 위해 열심히 노력하고 있으며, 하늘에 출현하는 UFO같은 미확인 비행물체에도 많은 관심을 가지고 접근을 시도하고 있다.

인천국제공항 여객청사 지붕 위에는 UFO를 닮은 비행접시가 금방이라도 하늘로 날아갈 듯이 은빛 날개를 펴고 앉아 있다. 얼핏 보면 여객청사 건물 자체가 비행접시의 모선처럼 보여 비행접시 편대가 함께 이륙하는 느낌을 주어 건물이 매우 동적인 형상으로 다가온다.

서해의 아름다운 노을이 사위고 땅거미가 내리면 어김없이 미확인 비행 물체인 UFO는 불을 켜고 하늘로 발진을 시도한다. 초록불, 파란불, 노란불, 빨간불을 반짝이며 일정간격을 두고 바뀌는 불빛을 보노라면 여지없이 비행접시의 출현으로 보인다. 조금만 바라보아도 신비감이 생겨 누구나 한번쯤 저 UFO 같은 우주선을 타고 밤하늘에 무수히 펼쳐지는 별세계로 여행을 떠나고픈 충동을 갖게 된다.

공항 지붕 위의 쥬얼리, 그것은 또 하나의 눈부신 보석이다. 밤이 되면 스스로 발광하면서 푸른 사파이어나 에메랄드 또는 붉은 루비나 호박으로 보였다가 다시 다이아몬드나 별처럼 변신하기도 한다.

지구는 하나의 별이다. 그 별 안에 있는 발광체는 또 하나의 작은 별이며 결국 우리 자신도 하나의 별인 것이다. 수많은 별과 별들이 빛나는 세상 어느 하늘 한켠에 미확인 비행물체가 있다면 그것을 우리는 UFO라고 불러야 하겠지만 지금 눈앞에 보이는 그것은 하나의 빛나는 공항의 상징물이다.

이 상징이 발하고 있는 빛은 창조적이고 미래적인 비전을 제시할 우리의 희망 같은 것이다. 건물도 이제 숨쉬지 않는 침묵의 건물이 아니라 우리들의 감성처럼 사람과 함께 느끼고 호흡하고 소통하며 기분을 나눌 수 있는 언제나 변함없는 친구가 되어야 하는 것이다.

인천공항에도 용이 살고 있다

폭포는 많은 물이 일시에 낭떠러지로 향해 떨어져 내리는 것을 말한다. 그래서 폭포가 생기려면 높은 산과 깊은 계곡이 있어야 한다. 이런 연유로 우리나라에는 평야가 많은 전라도 지방보다 산이 많은 강원도 지방에 폭포가 많다.

폭포는 키가 크면 클수록 큰 굉음을 내며 마치 승천하는 용을 연상케 한다. 떨어지는 것은 물방울이지만 느낌으로는 거대한 용들이 힘차게 승천하는 것으로 보인다.

폭포의 지명에는 용자가 들어간 것이 많다. 구룡폭포, 비룡폭포, 용추폭포, 용연폭포 등으로 많이 불려지고 있는 것은 그만큼 용의 자태가 웅장하고 세차게 하늘로 날아오르는 힘찬 기백과 멋진 형상으로 상징되고 있기 때문이다.

인천국제공항 입국검사장에도 폭포가 있다. 입국장 내에는 산도 계곡도 없지만 대리석으로 된 수직 벽면에서 아래로 떨어지는 3미터 남

짓 되는 높이의 인공 수벽폭포가 있다. 그 폭포 속에 용의 형상은 잘 보이지 않지만 자세히 보면 조용하게 용이 숨쉬고 있다. 법무부 입국심사를 마치고 2층에서 1층 입국장으로 내려오는 계단 앞 정면에 있는 이 폭포에 크지는 않지만 용의 눈 보이고 용의 꼬리도 보인다.

마음의 눈으로 보이는 용이며, 서로 친절을 수호하는 용이다. 그

　용은 여행에서 돌아오는 사람들에게 청량감을 선물한다. 지친 자에게는 활력을 주고 마음이 급한 자에게는 한번쯤 주위를 둘러보는 여유로운 마음을 갖게 한다.
　그 물소리를 들으면 마음이 차분해지고 맑고 고운 음악이 흘러나오는 듯한 착각에 빠진다. 그 용은 비록 갇혀 있지만 세계도처에서 입국하는 사람들에게 많은 사랑을 받고 있다. 언제나 맑고 시원한 눈빛으로 사람들이 상쾌함을 느끼도록 끊임없이 눈 마중을 하고 있다.
　용이 사는 공항은 언제나 밝은 미소와 사랑이 함께 있다. 그러나 용은 화를 잘 내고 성급하며 질서를 무시하는 사람들을 좋아하지 않는다. 그래서 오늘도 용과 함께 사는 사람들은 항상 밝은 마음을 갖고 여행자들을 친절하게 맞이하기 위해 노력하고 있다.
　그 결과 인천국제공항은 2004년도 세계 공항평가에서 제2위*라는 영광스런 결과를 획득하였다. 입국검사장에 사는 용은 이제 인천국제공항을 지키는 친절의 수호신이다. 우리들은 그 용이 공항을 떠나지 않고 오래도록 입국검사장에서 살 수 있도록 미소와 사랑으로 극진히 키워 가고 있다.

　　★IATA 국제 항공운송협회, ACI 국제항공협회 에서 실시한 세계 주요 공항 고객만족도 조사와
　　　　　　　세계 서비스 부문에서 인천국제공항이 선정됨

다리가 있는 섬은 섬이 아니다

이 층으로 된 다리가 있는 섬, 섬사람보다 뭍사람이 더 많이 오가는 섬, 뱃고동은 잘 울지 않고 자동차 경적소리가 더 많이 들리는 섬, 하루 내내 비행기가 날고 뜨며 세계로 하늘이 열린 그곳을 이제 우리는 섬이라 부르지 않는다.

섬은 뱃길로 닿아야 섬이며, 그 섬에 가서 마지막 배를 놓쳐 예정도 없이 하룻밤을 세우며 한밤을 파도소리에 취하게 되기도 하는 그곳이 우리들의 섬이다. 그 섬은 이제 서해바다에는 존재하지 않는다. 이미 영종도의 본적은 인천광역시라는 거대한 도시와 몸을 섞어 자꾸만 새로운 이름의 아이들이 태어나고 있다. 그 아이들은 섬의 자식이라는

것을 잘 모르며 그저 국제적인 명문가의 자식으로만 생각하며 자라나고 있다. 아직도 몸의 아픈 흉터를 지닌 과거가 곳곳에 보이지만 그것을 아름다운 정표쯤으로 알고 보다 아름다운 성형을 시술하여 세계를 주름잡는 스타가 되는 꿈을 꾸고 있다.

영종도는 원래 신불도, 용유도, 삼목도가 각각 다른 섬이었으나 섬과 섬 사이를 매립하여 이제는 하나의 큰 섬이 되었다. 이제 어디를 살펴보아도 여러 개의 섬이 합쳐져 하나가 되었다는 느낌은 찾기 어렵다. 이렇게 큰 섬이 육지와 연결되어 섬이 아닌 육지의 큰 시계추처럼 보기 좋게 한반도의 중심에 매달려 있다. 동적인 곳, 깨어 있고 살아 있어 빛나는 곳, 그래서 쉬지 않고 흔드는 영종도의 시계추가 오늘의 한반도 시계 바늘을 움직이고 있다.

영종도에는 지금 또 하나의 다리가 자라고 있다. 인천대교로 불리게 될 송도에서 영종도로 이어지는 다리가 자라고 있으며 머지않아

또 다른 다리가 생겨날 것으로 보인다. 다리가 하나 더 생길 때마다 섬이라는 느낌은 그만큼 반감 되지만 섬은 집채 같은 파도에도 물러서지 않고 그저 비행기가 내리고 뜨는 일만 계속되어 섬처럼 절대 고독하지 않다.

서울이나 인천에서 영종도로 가는 길, 이층으로 된 영종대교가 아름다운 명물로 자리하고 있다. 1층은 인천방면, 2층은 서울 방면으로 오가는 길이지만 바람이 많이 부는 날에는 1층 다리를 이용하면 더 안전한 통행할 수 있다. 다리가 달린 섬, 영종도는 이제 유배지 같은 섬이 아니라 밤낮없이 하늘로 비상하는 비행기들의 편리한 안식처가 되고 있다.

밀레니엄홀 푸른 솔은

인천국제공항 1층 밀레니엄홀 중앙에는 15m가 넘는 22그루의 소나무가 고고한 선비의 기개를 뽐내며 서 있다. 비록 소나무 가지 사이로 솔바람은 불지 않고 이름모를 새들이 깃들지 않는다 하더라도 소나무의 자태는 늘 신선한 느낌과 더불어 한 폭의 동양화 같은 느낌을 준다.

그런데 이 소나무들을 바라보노라면 소나무가 왜 실내에 심어졌는지? 그리고 소나무가 실내에서 어떻게 살 수 있을 것인지 의문을 갖게 된다. 사실 소나무는 침엽수이기 때문에 햇빛을 매우 좋아하고 깨끗한 토양에서만 자라는 까다로운 식물인데 공항 건물 내의 어려운 조건을 극복하고 어떻게 잘 살 수 있을지 문제가 되는 것이다.

십장생으로 손꼽히는 소나무는 "남산 위의 저 소나무 철갑을 두른 듯..."으로 시작되는 애국가에서도 나오듯이 우리 선조들은 특히 소나무를 좋아하고 숭상해 왔다. 변함없이 절개를 지키는 나무로서 남다른 사랑을 받는 이유는 아무래도 상록수이기 때문이 아닌가 생각된다. 소나무는 바라보면 볼수록 불의와 결탁하지 않는 청렴성과 모진 세파를 꿋꿋이 이기고 우뚝 서는 기개가 느껴지는 무언의 메시지를 받게 된다.

그 소나무들은 물 한 방울 먹지 않고 그저 강인하고 변함없이 늘 푸른 모습으로 공항을 이용하는 사람들에게 기쁨을 주고 있다. 물을 먹지 않는 사는 식물이 어디 있겠느냐고 하겠지만 이 나무는 정말 물을 먹지 않는다. 솔잎혹파리나 재선충 같은 치유가 어려운 병충해에도 전혀 걱정할 필요가 없는 특별한 소나무이기 때문이다.

이 소나무를 실제의 소나무가 아닌 인조 소나무라고 하면 누가 이 사실을 믿겠는가? 하지만 이 소나무는 분명히 죽지도 않고 숨쉬지도

않는 인조 소나무이다. 그렇다고 누가 소나무의 모습을 갖춘 인조 소나무라고 따지거나 싫어하는 사람들은 없다. 그만큼 소나무는우리들의 정서 한 복판에 살아 숨쉬며 자라고 있는 것이다.

  공항에 가면 밀레니엄홀을 찾아 이 소나무 밑에 한번 서서 셔터를 눌러보라. 그리고 진짜와 가짜를 구분을 하는 것도 괜찮으나 공항청사 실내에 이렇게 큰 소나무 조경으로 전체 분위기를 가장 한국적으로 업그레이드시킨 미적 감각과 발상이 어떠한가를 생각해보라?

  세계 어느 공항에 가도 이렇게 키 큰 소나무가 공항 건물 내에 있는 곳은 없다. 밀레니엄홀의 소나무가 오늘도 변함없이 우리나라를 찾는 세계인들에게 차별화된 한국적인 이미지를 잘 보여주는 역할을 수행하고 있어 이 나무에게 작은 벼슬이라도 하나 내려야하지 않을까 생각된다.

행운을 만나세요

인천국제공항 밀레니엄홀에 가면 행운을 뿜어 올리는 분수가 있다. 인공으로 된 작은 분수, 그 안에는 은쟁반이 보이고 그 쟁반을 중심으로 동전들이 은비늘을 가진 물고기 떼처럼 반짝이며 빛나고 있다.

백 원짜리 동전도 있고 오백 원짜리 동전도 보이며 외국 동전도 적지 않게 보인다. 동전들은 작은 인공 분수 안에서 행운이라는 이름의 새로운 별로 태어나는 중이다.

동전을 분수 안에 있는 은쟁반 속에 던져 넣으면 행운이 찾아온다고 한다. 이런 믿거나 말거나 한 이야기를 믿는 사람들은 참으로 행복할 것이며, 머지않아 마음속이 따뜻해지는 행운을 갖게 될 것이다

왜냐하면 그 동전들은 수거되어 전액 UN아동기금 UNICEF 으로 사용하고 수혜자들의 감사한 마음이 우리에게 되돌아오기 때문이다. 수혜를 주는 쪽도 받는 쪽도 모두 행복해지는 동전던지기는 이제 인천국제공항의 명물이 되어가고 있다.

분수에 던져진 동전을 일주일 정도마다 수거하는 데 그것이 한 달 동안 얼마나 될까? 그 동전은 자그마치 3천만 원 정도에 이른다. 우리가 베푼 행운의 작은 동전이 쌓여 이렇게 거금이 되는 것은 우리들 마음속 깊게 자리한 사랑의 마음 때문이다.

이 분수 앞을 지나다보면 자신도 모르게 주머니에 손이 가고 손에 잡힌 동전들은 어김없이 물속으로 투하 되고 만다. 물 속에 던져진 동전은 이미 사람들의 눈에는 돈으로 보이지 않고 아름다운 별로 반짝이고, 그 별들은 영롱한 빛으로 반짝이며 춥고 어두운 이 세상을 밝히는 따뜻한 희망의 빛이 되고 있다.

우리는 이제 이 분수를 그냥 지나칠 수 없다. 더욱이 우리 주머니 안에 동전이 들어 있다면 주머니와 손에 쇳가루 냄새가 더 묻기 전에 이 분수에다 말없이 그 동전들을 던져야 하리라. 주머니 안에서는 백 원짜리 동전이지만 분수에 던지기만 하면 빛나는 별이 되는 동전! 그 동전들은 작은 분수의 물속에서 비로소 행운의 별이 된다.

공항에서 동전을 던지는 여행자들은 하늘의 별을 볼 줄 안다. 이름 없는 별들이 모여 이 우주를 아름다운 사랑으로 채우는 별들의 고향, 행운을 만드는 그 분수에 오늘도 무수한 사랑의 별자리들이 생기고 또 별들이 별들과 함께 노는 아름다운 하늘이 확장되고 있는 것을 우리는 잘 보고 있다.

문화공항의 작은 음악회

예술도 이제는 정적인 공연에서 동적인 공연으로 바뀌어 가고 있다. 예전에는 음향과 무대시설이 잘 준비되어 있는 음악당이나 극장 같은 곳에서 공연을 하는 게 주를 이루었다. 그러나 시대의 흐름에 따라 예술이 관객을 찾아가는 시대로 변화되어 감에 따라 음악회 같은 형태의 공연도 자연히 동적으로 바뀌어가는 변화의 바람이 불어오고 있다.

인천국제공항의 거대한 건물과 밀레니엄홀 작은 음악회가 공룡과 귀뚜라미의 비교 같은 부조화를 극복하면서 양자간 상호보완 관계를 이루어 성공적인 음악회를 개최하기란 쉽지 않다. 우선 하루 출입국하는 여행자가 5만 명이 넘고 이에 부수되어 근무하는 인원만도 3만 명이 웃돌지만 이들 인원이 지정된 좌석에 앉아 공연을 관람하는 형

태가 아니기 때문에 분위기를 한곳으로 모아 공연의 접점을 찾기가 어렵다. 또 한정된 시간에 각개각층의 관객들에게 갈채를 받을 수 있는 공연 프로그램을 개발하기도 쉽지 않은 것이다.

그렇지만 인천국제공항공사에서는 그동안 작은 음악회를 매월 2회씩 지속적으로 열어 왔고, 월드컵 등 대규모 국제행사 개최 때에는 외국공연단을 초청하여 그들이 국제공항 특별무대에서 자국의 민속춤과 아름다운 선율을 많은 사람들에게 보여주고 들려주는 보다 적극적인 문화서비스를 실시하였다.

이제 공항도 단순히 여행자들의 출입국 기능만 수행하는 공항으로서는 경쟁력 있는 세계적인 공항이 될 수 없다. 이제 문화공항으로서의 입지가 구축되어야하고 이러한 입지 구축을 위해서는 지금과 같은 작은 음악회는 더욱 활성화되어야 한다. 그리고 공항 주변의 공간이나 집기 하나라도 최대한 예술적 이미지를 부가시켜 단순하고 평면적이며 무미건조한 형태에서 벗어나 예술적 아름다움이 녹아 흐르는 품위 있는 공간으로 가꾸어 나가야 한다.

작은 음악회!

어디선가 아름다운 음악이 흐르거든 모든 것을 접어두고 빨리 여객청사 밀레니엄홀로 달려가 보라. 그러면 거기서 유명 예술인의 노래와 춤과 연못과 소나무와 음악과 사람이 함께 어우러져 하나 되는 감동적인 예술을 공짜로 맛볼 수 있다.

이 공연을 보고 마음속에 감동이 오거든 함께 일어서서 크게 박수를 치고, 박수로도 부족하면 그 연못에 있는 행운의 바구니에 동전을 던져라. 그러면 당신은 수준 높은 문화인이 될 수 있는 것이다. 굶주린 어린이도 돕고 관람을 통하여 문화인으로서 만족감도 찾는 좋은 시간을 갖게 될 것이다. 머지않아 이 작은 음악회가 더욱 발전되어 세계인들의 관심이 집중되고 세계로 가는 길을 넓게 여는 국제적인 음악회가 될 것이다.

공항은 서점으로 통한다

인천국제공항의 건물은 동화 속에 나오는 유리성처럼 아름답고 거대하다. 그 건물의 중심부에는 밀레니엄홀이 위치하고 있고 이곳을 중심으로 동서 양쪽으로 날개를 펼친 듯한 형상을 하고 있다. 한 마리의 새처럼 보이기도 하고 어찌 보면 돛을 단 한척의 거대한 배를 연상하게 하는 매우 한국적이며 생동감 있는 건물이다.

이 건물의 가장 중심부에는 과연 무엇이 있을까? 건물 1층 중앙에는 인공호수가 있고 여러 그루의 키 큰 소나무들과 계절 따라 제철에 맞는 풀꽃들이 잘 어우러진 아름다운 꽃밭이 눈에 들어온다. 그리고 그 좌측 편으로 막 돌아들면 서점이 보인다. 서점에는 최근 인기 있는 책들이 진열되어 있고 외국인들을 위한 영자신문이나 잡지들도 함께 나란히 진열되어 있다.

 밀레니엄홀을 중심으로 지하층에는 1층 서점보다 몇 배나 큰 GS문고 대형서점이 자리 잡고 있고, 3층에도 역시 작지 않은 서점이 자리하고 있다. 서점이 결국 공항의 지하, 1층, 3층의 중심부를 거의 차지하고 있어 공항을 이용하는 대부분의 사람들은 이 서점이 있는 공항의 중심부를 통과하게 되는데 이는 곧 공항은 서점으로 통한다는 말로 설명할 수 있다.
 이 지역의 임대료가 가장 비쌈에도 불구하고 서점이 공항의 정중앙에 위치하고 있다는 것은 의외의 일이다. 온라인시대에 점점 힘들어져가는 오프라인 서점들의 어려움을 생각하면 잘 이해가 되지 않지만 아무튼 인천국제공항의 심장부에는 이들 서점이 자리하고 있어 우리나라의 문화수준을 한층 높여주는 역할을 하고 있다.
 세계 유수의 공항에도 서점이 있지만 공항의 가장 중심부에 서점이 있는 공항은 드물다. 상업성 여부를 떠나 서점이 이렇게 건물의 중앙

을 차지하고 있다는 것은 우리나라가 그만큼 수준 높은 문화를 지향하고 있다는 단면을 볼 수 있다.

해외여행을 떠나는 사람들은 저마다 짐을 꾸리며 장시간 기내에서 보내게 될 시간을 어떻게 할 것인가를 생각하면서 서점을 찾는다. 그런 만큼 서점이 매우 이용하기 용이한 장소에 있어 여행자들은 아주 편리하게 서점을 찾을 수 있다.

서점이 중앙에 위치하고 있어 문화공항으로 느껴지는 곳, 문화가 숨쉬고 있어 다시 찾고 싶은 공항, 보면 볼수록 마음이 뿌듯해지고 문화인이 되는 공항, 이런 공항에 환송을 가면 우리는 떠나는 사람에게 한권의 책을 선물해 보자. 헤어지는 섭섭한 마음 대신 좋은 책의 넉넉한 양식을 전하는 선물, 그것은 비만에도 걱정이 없고 마음과 몸이 모두 건강해지는 감동적인 선물이 되지 않을까 생각한다.

호텔식당의 까치 손님

인 천국제공항 4층에 가면 호텔식당이 있다. 식당은 여행객들이 많이 이용할 수 있도록 비교적 저렴한 가격과 다양한 메뉴를 준비하고 있다. 식당에서 예약도 받고 별도의 룸도 준비되어 있어 필요에 따른 서비스를 받을 수 있으며 공항상주기관 직원들에게는 약간의 가격을 할인해주고 있다.

그러나 약간의 혜택을 누리는 공항 상주직원들보다 더 특권을 누리는 귀빈이 있으니 그가 바로 여객터미널 청사 공항 건물 안에 사는 까치이다. 까치를 귀빈으로 모시는 호텔식당이라기 보다 까치의 횡포에 의해 울며 겨자 먹기로 귀빈 대우를 해주어야 하는 특별한 손님인 것이다.

예전에는 아침에 까치가 울면 반가운 손님이 온다는 말이 있을 정도로 길조로 분류 하였으나 요즘은 개체수의 번식으로 인하여 골치 아픈 천덕꾸러기 새가 되고 말았는데도 호텔식당에서는 까치에게 마음에 내키지도 않는 극진한 접대를 하고 있다는 것은 그 나름대로 말 못할 속사정이 있기 때문이다.

사연인즉 공항을 지으면서 천정을 막는 과정에서 까치 한 마리가 건물 안쪽에 갇히게 된 것이 그 시발이다. 자연히 실내에 갇히게 된 까치는 먹을 것이 있는 호텔 식당의 천정 서까래 위에 자리를 잡게 되었고 호텔식당에서는 까치의 그런 사연을 모르고 있던 상태에서 상상하지도 못한 일을 겪게 되었다.

까치가 손님들의 식탁 위에 있는 음식을 향하여 돌진해 그것을 낚아챈 다음 다시 서까래 위로 올라가 숨어버리는 것이다. 이럴 때 어떤 상황이 벌어질 것인가를 생각해 보라. 전혀 예상도 하지 못한 일이 발생된 식당에서는 손님들이 혼비백산하여 난장판이 될 것은 너무도 뻔한 것이다.

그래서 호텔에서는 까치에게 맛있는 먹이를 따로 차려놓기도 하고 119 구급대를 불러 까치 소탕작전을 벌여도 보았지만 모두 허사였다. 까치는 워낙 영리하고 영악한 동물이라서 사람들의 이러한 의도를 미리 눈치 채고 절대 호락호락 당하지 않는 주도면밀함을 보여주고 있다.

까치가 이 호텔식당에서는 가장 대접받는 VIP이자 제 맘대로 전횡을 휘두르는 폭군인 셈이다. 오늘도 까치는 서까래 기둥 위에 앉아 눈을 대록대록 삼키며 손님들의 식탁을 노리고 있고 사람들은 까치를 포로로 잡고 전전긍긍하고만 있다. 사람이 까치에게 괴로움을 당하는 것인지? 아니면 까치가 사람에게 괴로움을 당하는 것인지 아직은 그 답을 알 수가 없다. 인재로 인하여 발생된 일로 인해 그 까치의 목숨이 다하는 그날까지 이렇게 가야할 것만 같다.

침실에서 사람울음 소리가

대규모 공사나 대형 건축물을 완공하자면 아무리 안전사고에 유의를 하여도 어쩔 수 없이 사망자가 발생하게 된다. 어떤 고속도로 휴게소에 가면 공사 중에 돌아가신 분들을 위한 추모비가 서 있는 데 그것을 보노라면 마음이 자꾸 아려온다. 희생에 대한 아픔이기도 하지만 조금만 주의를 했더라면 그 희생을 당하지 않을 수도 있었으리라는 생각이 들기 때문이다.

인천국제공항이 완공되기 까지 그동안 여러 가지 공사가 진행되었고 이로 인해 희생자가 발생할 수 밖에 없었을 것이다. 고귀한 생명의 희생이 우리 역사에 남는 큰 업적을 이루게 되었다는 것에 대하여 깊은 경의와 감사를 드리지 않을 수 없다. 작은 부분 하나 하나가 모여 거대한 건물을 이루고 있는 것과 같이 수많은 사람들의 피와 땀과 눈물로 이루어진 공항의 역사를 살펴보노라면 자신도 모르게 고개를 숙이게 된다.

공항은 이제 불이 꺼지지 않는다. 그러므로 공항에는 어둠이 없으며, 눈부신 빛들의 잔치가 끝없이 펼쳐지고, 세계 곳곳에서 많은 여행자들이 달려와 그 빛의 잔치에 함께 참여하고 있다. 잔치가 벌어지는 활주로와 공항여객청사에는 기쁨과 희망이 있고 그 안에 불안과 슬픔은 잘 보이지 않는다. 그렇지만 그런 찬란한 빛의 축제에 오래도록 기억하고 싶은 예쁜 상처를 만들기 위해 누군가 이상한 소문을 만들어 내는 일이 있었다.

밤마다 자정이 되면 여객청사 침실과 화장실 쪽에서 사람 울음소리가 들려온다는 것이다. 공사 중에 죽은 원혼이 나를 살려내라고 울부짖는데 그 울음소리에는 피맺힌 원한이 서려 있어 머리끝이 서고 오금이 저려온다는 것이다. 그래서 밤이 되어도 근무자들은 침실에서 잠을 취하지 못하고 그 소리에 화장실도 못 간다는 이야기가 꼬리를 물고 회자되었다.

그러나 지금은 사람의 울음소리가 들린다는 다시 이야기를 듣지 못했고 무슨 불길한 징조나 이상한 괴담이 새로 생겨나지는 않았다. 전설이 만들어지는 것은 후세 사람들이 권선징악이나 특정의 우상화나 흥미 등을 보태기 위해서 사람들이 일부러 꾸며내는 것이 대부분이듯이 소문도 누군가 의도적으로 만들어낸 믿거나 말거나 한 이야기의 하나에 불과한 것이다.

하지만 분명한 것은 역사성 있는 공항을 만들기 위하여 누가 의도적으로 믿거나말거나 한 이야기나 수호신 하나 만들어낸 것쯤으로 생각한다면 이제 설령 그런 울음소리가 다시 들린다 하더라도 사람들은 이것을 더 이상 무섭게 생각하지 않으리라.

공항에 자동차회사가 있다

　주차장은 차들의 집이다. 집에 문패가 있다면 주차장도 위치를 표시하는 주소가 있다. 많은 차들이 있는 가운데 자신의 차를 찾기 위해서는 주차장의 위치를 정확히 알아두어야 한다. 넓고 넓은 주차장에서 주소 없이 눈과 감각으로만 자신의 차를 찾는다는 것은 매우 어려운 일이므로 주차장 표시번호는 공항을 이용하는 사람들에게 매우 중요한 것이다.

　인천국제공항의 주차장은 그야말로 세계적이다. 크기가 세계적이기도 하고 이용자들이 편리하도록 시설 면에서도 여타 공항의 수준을 추월하고 있다. 단기주차장과 장기주차장으로 구분하여 단기주차장은 여객청사와 근접한 거리에 있어 요금이 비싼 반면 장기주차장은 거리는 좀 떨어져 있지만 요금이 저렴한 것이 특징이다. 그리고 장애자용 주차장이 따로 구분되어 있는 것은 기본이고, 지하주차장이 있는가 하면 지상 1층에도 주차장이 있어 이용자들의 필요에 따라 다양하고 손쉽게 이용할 수 있는 장점이 있다.

　그리고 주차장마다 위치표시판과 주차위치확인기가 있고 지하주차장에는 여객청사와 엘리베이터나 자동보도가 연결되어 있으며 환기시설도 잘되어 있고 감시용 카메라들이 곳곳에 설치되어 있어 다른 어떤 공항과 비교되지 않는 좋은 시설을 갖추고 있다.

　대개 외국 공항에는 자동차들이 잘 보이지 않는다. 건물 지하나 건물 내에 주차장이 설치되어 있어 차들이 잘 보이지 않고 승차를 하는 장소에서만 차들이 보인다. 외국인 여행자가 우리나라에 도착하여 노상주차장에 주차되어 있는 수많은 자동차를 보고 그 주차장을 가리키며 "여기가 바로 ㅇㅇ자동차 회사가 있는 곳이냐?"고 물어 본적이 있다. 그 외국인의 질문을 받고서야 비로소 "아하, 그렇게도 생각할 수 있구나" 하며 웃고 넘긴 적이 있다.

그러나 따지고 보면 그저 웃고만 넘길 일만은 아니다. 그만큼 대중 교통편이 잘 연결되지 못하여 사람들이 많은 자동차를 가지고 온다는 것이거나 좀더 편리함을 위해 기름 한 방울 나지 않는 나라에서 너무 과소비가 아닌가 하는 점이다. 저 넓고 넓은 주차장이 언젠가는 푸른 잔디밭으로 바뀔 그날을 그려보는 것도 가슴이 시원해지는 좋은 상상이 아닐까 생각한다.

화장실을 보면 문화가 보인다

화장실은 별도의 문자로 표기하지 않고 남자와 여자의 상징인 그림 표시만으로도 뜻이 통한다. 이 말은 화장실은 이미 사람의 한 부분처럼 사람과 하나라는 의미이기도 하다.

사람들은 불과 몇 시간이 지나지 않아도 생리적인 현상을 해결하기 위해 화장실을 찾는다. 그러므로 비행기나 기차, 선박에도 화장실이 있다. 다시 말하면 하늘이나 바다에도 화장실은 있고 철로 위나 절간에도 화장실이 있으며, 사람이 있는 한 어디에나 화장실이 있다.

화장실이 있기에 화장실 문화가 있으며, 화장실을 보면 그 나라의 문화가 보인다고 하는 것은 그만큼 화장실이 단순히 배설을 위한 장소가 아니라 기본적인 생리예식을 치르는 식장이며 마음에 쌓인 근심을 혼자 풀어 내리는 도장인 해우소 解憂所 인 것이다.

화장실에서는 두 가지를 생각하게 된다. 첫째는 줄서기 운동이고, 둘째는 청결한 사용이다. 줄서기에 있어서는 화장실 바닥에 표시된 대기선 뒤에 한 줄로 서서 기다렸다가 차례대로 용변을 보면 되는 일이다. 그렇지만 그것이 잘 지켜지지 않을 때 금방 무질서해지고 기다리던 사람들이 낭패한 얼굴로 당황해하는 일을 보게 된다.
   그것이 작은 일 같지만 실은 그 질서가 민주사회를 만들어가는 근간이 된다는 점에서 화장실 문화 하나가 중요한 바로미터가 되는 것이다. 자신의 권리를 보장받기 위해서는 남에게 피해를 입혀서는 안 되며 서로 같은 권리를 지켜주어야 하기 때문에 나 하나쯤 순서와 절차를 위반해도 괜찮다는 마음은 깨끗이 버려야 되는 것이다.
   둘째로 화장실에 들어가면 잠시 혼자에게만 주어진 비밀스런 공간이 되지만 그 공간은 일시적으로 주어진 공간이고 또 다른 사람들이 계속 사용하기 때문에 더욱 청결이 강조되고 있다. 화장실 안에 금연 표시가 있음에도 거기서 몰래 담배를 피우는 사람들이 있는가 하면 담배를 피우고 꽁초를 변기 안에 던져 넣는 일이 아직도 일어나고 있어 화장실을 사용하는 여행자의 수준을 다시금 짐작하게 된다.
   공항에서는 화장실 관리자를 실명제로 운용하면서 화장실 입구에 그들의 사진과 이름표가 붙어 있다. 그들은 윤기와 향기가 나도록 화장실을 잘 관리하고 있다. 고급대리석 바닥과 세면대, 나무재질의 도어, 고급 화장지와 방향제에 음악까지 흐르는 최고 수준의 시설이 되어 있다.
   이 정도쯤이면 화장실에서 커피를 마실 수 있을 수준이 되는 만큼 이제 공항에 가면 깨끗한 화장실에서 아름답고 질서 있는 문화의 향기를 다함께 나누었으면 하는 마음이다.

카트 Cart 는 무료입니다

공항에는 수천대의 카트가 있다. 이 카트는 모든 여행자들에게 무료로 운용되고 있다. 입국장에는 큰 카트가 배치되어 있고 출국장에는 그보다 좀 작은 카트들이 사용되고 있다. 이렇게 크기에 차이가 있는 것은 출국여행자는 손으로 휴대하는 짐밖에 없기 때문에 카트가 작고, 입국여행자는 기탁수하물까지 있는 경우가 많기 때문이다.

짐을 카트에 가지런히 올린 다음 손잡이를 누르면서 밀면 거의 힘을 들이지 않고 카트를 움직일 수 있다. 카트를 밀고 가다가 정지를 해야 될 필요가 있을 때는 누르던 손잡이를 가볍게 놓으면 제동장치가 작동하여 카트가 정지하게 된다.

보통의 여행자들은 카트 하나를 사용하여 짐을 손쉽게 운반할 수 있다. 그렇지만 이사화물이 있는 여행자나 유학생 짐 같은 경우에는 카트 하나로 부족하여 두개 이상을 사용하기도 한다. 카트는 주로 여행자의 짐을 운반하는데 쓰이지만, 이면적으로는 카트에 가지런히 실

린 여행자 짐의 좌우, 측면, 높이와 형태, 종류, 포장상태 등을 한눈에 볼 수 있어 검사여부를 판단하는 데 도움이 되기도 한다.

　카트는 보기보다 가격이 꽤 비싼 편이다. 1대당 백만 원을 상회하기 때문에 이를 소중히 다루고 지정된 구역 내에서만 사용하여야 한다. 주로 여러 개의 짐을 운반하여야 하는 여객청사 내 지역과 주차장 입구까지는 사용이 가능하도록 되어 있으며, 그 이외의 지역으로는 사용을 하지 못하도록 말뚝장애물 같은 것을 설치해 놓고 있다.

　그렇지만 어떤 여행자들은 자신만의 편의를 위해 카트를 말뚝장애물 위로 들어올려 주차장까지 밀고 가는 사람들도 있는데 그것은 삼가 해야 할 일이다. 카트를 정리하는 데도 문제가 있을 뿐 아니라 카트가 생각보다 많이 분실되는 그 직접적인 원인을 제공하기도 하기 때문이다.

　우리는 카트 사용 시 돈을 받지 않는다는 사실을 고맙게 생각하고 다수가 사용하는 공공의 물품을 훼손하거나 자기만의 욕심을 부려서는 안 될 것이다. 카트의 사용은 무료이지만 운용과 관리에는 비용이 들기 마련이다. 그러므로 그것을 훼손 또는 분실할 경우 곧 그 비용이 여행자의 부담으로 다시 돌아올 수밖에 없다는 사실을 알고 내 물건과 같이 아끼고 잘 사용하여야만 서로에게 이득이 될 것이다.

모르면 ⓘ를 찾으세요

사람들은 처음 가는 집을 찾을 때 우선 큰 다리나 큰 길, 큰 건물 등을 잘 이용한다. 주변의 지형지물을 눈여겨 보아두었다가 다음에 찾을 때 그것을 다시 기억하는 방법을 택한다. 그러나 그것은 집 같은 건물을 찾을 때 사용할 수 있는 방법이지만 공항과 같이 아주 큰 건물 안에서는 그것으로는 해결되지 않고 자꾸 제자리만 맴돌게 된다.

다리나 길도 따로 없고 주변이 거의 비슷비슷하여 공항 건물 내에서는 길을 잘 아는 사람의 안내를 받아 함께 다니며 정신을 바짝 차리고 보아 두어도 그 다음에 가면 생소한 느낌만 든다. 인천국제공항의 경우 워낙 여객청사 안이 넓고 각종 사무실이 군데군데 유사하게 배치되어 있으며 많은 안내 간판들이 설치되어 있어 북적이는 사람들의 틈서리에서 목적지를 찾으려다보면 미로 찾기처럼 어디가 어디인지 잘 구분이 되지 않고 머리 속이 실타래처럼 엉킨다.

어떤 사람들은 공항에 6개월을 근무하고서야 겨우 동서남북의 방향감각을 찾았고 주변 사무실을 그런대로 찾아다닐 수 있었다고 말하는 것을 종종 들으면서 공항 내 목적지를 찾는 일이 여간 쉽지 않음을 짐작할 수 있다. 그런 만큼 공항으로 가끔씩 찾아오게 되는 사람들이 겪게 되는 불편은 당연히 클 수밖에 없다.

우선 여객청사는 활주로를 안고 남쪽으로 앉아 있으며 건물은 동서방향으로 길쭉한 형태로 위치하고 있다. 청사 앞길은 일방통행이며, 차들이 들어오는 입구는 동편이고 끝나는 부분을 서쪽으로 보면 된다.

그리고 대부분 시내에서 공항으로 들어오는 버스나 리무진들은 3층에서 내려주기 때문에 하차 후 건물 안으로 들어서면 그곳이 3층으로 30미터가 넘는 높은 공항지붕 천정이 보인다. 그래서 시내로 나가기 위해서는 1층으로 내려가 리무진이나 시내로 가는 버스를 탈 수 있으며, 4층에는 호텔식당들이 줄지어 있어 일단 몇 층이라는 것을 먼저 확인할 필요가 있다. 여객청사의 가장 중앙에는 밀레니엄홀이 있고, 그 홀은 4층에서 보아도 푸른 소나무 가지가 보이는 시원하게 열린 공간으로 되어 있다.

그래도 이 정도면 자신의 위치를 어느 정도 감 잡을 수 있겠지만 사람들이 붐비고 시간이 촉박하면 그렇게 생각대로 찾으려는 것이 눈에 보이지 않고 감각이 제대로 와 닿지도 않는다. 이럴 때 가장 손쉬운 방법으로는 ⓘ를 찾으면 된다. informatiom 안내 의 약자인 ⓘ데스크를 찾으면 친절하고 신속하게 여러분이 원하는 곳을 안내받을 수 있다.

ⓘ! ⓘ카운터에는 아름다운 미소를 가진 수호천사가 어려움에 처한 그런 당신을 위하여 미소를 짓고 기다리고 있으니 공항에 가서 답답하면 ⓘ를 찾아라. 그러면 모든 일이 술술 쉽게 해결이 된다.

모르면 ⓘ를 찾으세요

사람들이여 문을 찾아라

공항은 만남과 헤어짐의 장소이다. 만남은 마음의 문을 하나 더 여는 일이요, 헤어짐은 또 다른 만남의 시작인 것이다. 1층 입국장 대합실은 만남의 기쁨으로 부둥켜안는 모습들이 보이고, 3층 출국장은 눈물을 머금고 떠나가는 이에게 손을 흔드는 모습들이 보인다.

문이 열리면서 만남이 시작되는 1층과 문이 닫히면서 이별이 시작되는 3층은 이렇게 서로 아주 다른 모습이지만 문은 닫기 위하여 있기 보다는 열기 위하여 있는 것이다.

인천국제공항은 국가의 관문이며, 우리나라에서 가장 큰 하나의 문이다. 그 문은 닫기 위해서 존재하는 것이 아니라 언제나 열려 있는 존재이다. 세계화 시대에는 무한 경쟁만 있고 국경의 존재가 미약하기 때문에 영종도에 자유무역지구가 새로 지정되고 있는 것도 이런 맥과 닿아 있다. 24시간 문을 활짝 열어두고 세계를 따뜻하게 맞이하며 세계와 함께 나아가는 그 길을 우리는 열어가고 있다.

공항의 문은 무수히 많으며 저마다 고유번호가 부여되어 있다. 사람들은 1층과 3층의 문을 이용하여 여객청사 안으로 들어갈 수 있도록 되어 있다. 그 안으로 들어서면 여행자가 출입국 하는 또 다른 문이 보인다.

그러나, 공항을 찾는 많은 사람들은 이러한 문을 잘 활용하지 못한다. 예를 들면 공항에 환송이나 환영을 위해 나왔다가 서로 전화통화를 하면서도 제대로 자신의 현 위치를 설명하지 못해 어려움을 겪는 것을 자주 보게 된다. 이럴 경우 문을 찾아 문을 활용하면 된다.

먼저 1층이나 3층 또는 지하인지 여부를 먼저 파악하라. 그리고 다음에는 문의 번호가 몇 번인 곳에서 내가 기다리고 있다고 말하면 가장 정확하게 자신의 위치를 설명한 것이 되고 듣는 이도 쉽게 찾을 수 있

다. 그렇지 않고 은행 옆에 있다든지 공중전화 있는 곳이나 커피숍 앞에 기다리고 있다고 하면 그것은 생각보다 큰 혼란을 초래한다.

왜냐하면 은행도 많고 은행환전소도 무수히 많은데 사람들은 그것을 통상적으로 은행으로 말하기 때문이며, 공중전화나 커피숍도 여러 곳에 있어 생각보다 찾기가 어렵기 때문이다.

이제 공항에 가서 사람을 만나려면 문을 찾아라. 그리고 문을 찾은 다음 상대에게 자신의 위치를 말하라. 그러면 당신은 만나야 할 사람을 거의 다 찾은 것이나 다름없다. 항상 사람이 있는 곳에 문이 있고, 문을 열면 길이 보이며, 그 길옆에 당신을 기다리고 서 있는 사람이 보일 것이다.

사람을 찾습니다

사람이 사람을 좋아하고 사람이 사람을 찾는 일이란 아름다운 일이다. 꽃도 나비와 만나 달콤한 열매를 맺고, 바다도 바람을 만나 파도를 만들고, 구름도 석양을 만나 노을을 만들고, 별도 어둠을 만나 별빛을 만드는 데 사람이 사람을 만나 마음의 꽃을 피우는 일이란 지극히 자연적인 본성이라고 할 수 있다.

오리의 다리는 짧지만 그것이 보기 싫다고 하여 다리를 길게 하면 오리는 불편할 것이고, 마찬가지로 학의 다리를 짧게 바꾸면 불편이 따르는 것이기에 우리는 본성을 누르는 것보다는 있는 그대로 보다 자연스럽게 살아가는 것을 추구하는 존재가 되어야 한다.

외국 공항에 비해 우리나라 공항이 유독 붐비는 것은 우리나라 사람들이 더 정이 많고 자연적인 본성이 강하며 끊임없이 그 본성을 향하여 접근해 가는 뜨거운 가슴을 가지고 있기 때문이다. 서양 사람들처럼 손님을 집에서 기다리지 못하고 공항으로 마중 가는 일이나, 아니면 떠나는 사람을 문 앞에서 보내지 못하는 아름다운 마음들은 그런 이유를 대변해 주는 하나의 예라고 할 수 있다.

입국장에서 나오는 여행자를 기다리는 사람들의 모습에는 만남을 통하여 따뜻한 행복을 만들려는 눈빛들로 반짝인다. 핸드폰으로 연락하여 쉽게 만날 수 도 있는 시대이지만 이와는 달리 피켓이나 종이에 이름을 크게 써 들고 사람을 기다리는 모습이란 참으로 이채롭다.

특히 일본에서 입항하는 비행기가 들어오면 이러한 모습들은 유달리 눈에 많이 띤다. 이들은 이색영업을 위한 호객행위나 선거 유세장 운동원들도 아니며 이산가족을 찾으러 나온 방송국 카메라 앞도 아니지만 입국하는 여행자를 찾기 위해 여행자의 이름을 크게 써 들고 오랫동안 기다리고 서 있는 모습에서 우리는 그들의 좋은 만남을 예감하게 된다.

낯선 이국땅을 찾아오는 외국인 여행자가 입국장을 막 나서는 데 이런 모습으로 자기를 찾는 사람을 처음 보았을 때 그 여행자의 기분은 어떠할 것인가? 작은 금액의 복권에라도 당첨된 기분이거나 시험 합격자 명단에서 자신의 이름이라도 확인하는 그 정도의 기분은 족히 될 것이다. 그래서 좋은 기분으로 입국한 여행자는 처음부터 기분 좋게 시작하여 끝까지 즐거운 여행을 하게 될 것이다.

우리는 사람을 찾을 때 이렇게 기분 좋게 찾는 방법을 한번쯤 사용할 필요가 있다. 아주 중요한 사람, 아주 귀한 사람, 아주 사랑하는 사람이 있다면 그 사람의 이름을 크게 써서 맞아주는 것도 한번쯤 시도해 봄직한 일이다. 초면임에도 유명 스타들을 맞이하는 것처럼 상대방을 최고로 높여주며 기쁘게 맞아준다는 것은 그 여행자에게는 너무 기분 좋은 일이 되기 때문이다.

잃어버린 물건을 찾아드립니다

우리는 개인적으로 소지품 같은 것을 많이 가지고 있다. 휴대폰, 여권, 우산, 가방, 책, 모자, 지갑, 수첩, 신분증, 노트, 신용카드는 물론 걸치는 옷, 안경, 선물들도 있다. 그래서 하루라도 출장이나 여행을 떠나든지 하여도 짐부터 챙기게 된다.

짐은 자신의 떠나는 목적에 따라 우선순위가 정해진다. 가져가야 할 것과 두고 가야할 것을 놓고 고민을 하기도 하면서 실제로 길을 떠나서는 필요한 물건을 두고 온 것을 후회하는 경우도 더러 있다. 그렇지만 어떤 물건이라도 자신의 소지품 하나하나는 나름대로 의미와 추억을 담고 있어 소중하게 느껴지며 그것을 쓰지 못하게 될 때까지 사용하고 아끼곤 한다.

그런데 쓰던 물건을 잃어 버렸을 때 그 마음은 물건의 금액과 상관없이 마음이 아리고 오래도록 짠하게 남는다. 비록 다른 사람들에게는 사소하고 의미 없는 물건일지라도 본인에게는 정의할 수 없는 애틋함이 있다.

하지만 요즘은 분실물이나 유실물이 점점 늘어가고 있다. 편리한 교통과 바쁜 일상, 다양한 만남에 따라 사람들의 활동 반경이 확대되는 데 따른 것으로 보이지만 또 다른 하나는 자신의 소지품 같은 것에 대해 쉽게 애착을 버리고 포기하는 게 문제이다.

인천국제공항에도 분실물신고소가 있다. 여기에는 공항이용자들이 분실한 물건들도 있고 출입국 하는 여행자들이 잃어버린 물건들도 있어 항상 벼룩시장처럼 복잡하고 다양하다. 아직 물건의 상품 가치가 있는 아까운 물건들도 있고 손때 묻은 소지품이나 하루라도 없으면 불편을 느끼게 되는 휴대폰과 같은 것들이 주인을 기다리고 있다.

그러나 여간해서 주인이 잘 나타나지 않는다. 물건을 잃어버린 주

인은 쉽게 찾기를 포기하고 주인을 기다리는 물건들은 끝까지 주인이 찾을 날을 기다리지만 이런 짝사랑은 해피엔딩으로 끝나는 경우가 많지 않다. 물건마다 이름표와 연락처를 붙여 실명제를 하지 않는 한 잃어버린 주인을 찾기란 이산가족 찾기만큼 어려운 일이다. 이렇게 신고소에 보관된 많은 물건들은 일정기간이 지나면 상품가치가 없는 것은 폐기를 하고 그렇지 않은 물품들은 사회단체 등에 기증을 하는 등의 처분을 하게 된다.

  우리는 이제 스스로 자신을 사랑하듯 개인의 소지품에 대하여도 처음 샀을 때의 마음으로 돌아가 애용하고 그리고 잘 보관하여야 한다. 그러다가 만일 그것을 잃어버리는 경우에는 일단 분실물신고소 Tel : 032-741-3114 에 전화라도 하자. 이게 최소한의 주인 된 도리이며 조금이나마 분실물 처리같은 공항의 일을 덜어주는 것이다.

공항에는 노래방이 없다

한민족은 예로부터 남달리 가무를 즐겼다. 그 영향이 오늘날까지 이어져서인지는 잘 모르지만 요즘 우리나라 사람들은 이에 반론을 펼 수는 없을 듯하다. 요즈음 사람들은 대개 만나서 먼저 식사를 하고, 식사를 하면서 술을 나누고, 그 다음 차례는 노래방을 찾는 것이 거의 필수 코스처럼 되어 있다.

노래방에 가서 있다보면 어느새 노래 자체를 즐기는 것보다는 마음을 나누는 시간으로 발전되어 밤이 깊어가는 줄도 모르고 서로 하나가 된다. 이것을 보면 아무래도 우리 한민족의 피는 속이지 못할 것 같다.

만일 외국인들에게 노래방에 가자고 하여 이렇게 고래고래 목청을 높여 몇 시간이고 노래를 부른다면 아마도 혼비백산하여 도망갈 사람이 많을 것이다. 그렇지만 우리나라 사람들의 정서로는 노래방 문화가 그야말로 한국적 맞춤형 유희라고 볼 수 있다. 그곳에 가면 부담

없이 하나가 되어 놀고 나누고 풀고 기분 좋게 돌아가는 노래방을 부정적인 측면에서 볼 필요는 없을 것이다.

사정이 이러한데 공항에는 아직 노래방이 없고, 그 이외에는, 별의별 것이 다 있는 대도시의 축소판이다. 골프장도 있고, 호텔도 있으며, 전자오락장과 라운지 바와 칵테일 바도 있다.

전문상점으로는 백화점과 골프용품 판매장, 스포츠웨어, 캐쥬얼, 보석과 악세사리, 커피, 담배, 꽃집, 서점, 팬시용품, 완구, 문구, 음반, 화장품판매점과 관광기념품, 민속공예품, 특산품 등을 판매하고 있다.

편의시설로는 수하물 보관 및 포장센터, 우체국, 은행, 포토샵, 택배, 렌터카, 휴대폰대여, 편의점, 보험사카운터, 여행사, 약국, 헤어디자인 샵, 안경점, 볼링장, 헬스클럽, 사우나장, 화장품마사지 등이 있으며, 식음료점으로는 스낵, 아이스크림, 피자, 커피전문점, 패스트푸드, 제과점들도 있다.

그리고 이 밖에도 공항 출국장 내에는 여러 개의 대형 면세점과 유명브랜드 제품판매장이 있고, 식당과 항공사 라운지 등이 있어 출입국여행자들이 사용에 불편함이 없도록 거의 모든 것을 갖추고 있다.

지금 공항에 없는 것 중 꼭 있어야 할 하나를 꼽으라고 한다면 우리나라 사람들이 좋아하는 노래방이나 소극장 정도가 있었으면 한다. 어중간하게 시간이 남는 사람들은 적당히 시간을 보낼 방법을 생각하게 되는 데 이럴 때 가장 손쉽고 부담 없는 곳으로 노래방과 소극장을 꼽을 수 있기 때문이다.

노래방에서 필요한 만큼 시간을 산 다음 자막이 멎을 때까지 부담 없이 노래를 부르고 놀다가 자막이 멎으면 그때 자리를 털고 나와 그 다음 일정을 진행하면 될 것이다. 소극장 역시 정해진 시간동안 감상을 하면 되기 때문에 예정된 시간의 공백을 매우 실속 있게 보낼 수 있을 것이다. 그렇게 시간을 즐겁고 알차게 보내고 나면 그 다음 일도 신이 나서 더 잘되는 그런 노래방이나 소극장이 공항에 생기는 것도 머지않으리라 생각한다.

인천국제공항에도 국내선이 있다

비행기의 출현은 지구촌시대를 활짝 열었다. 만일 비행기가 없었더라면 오늘날과 같은 지구촌 1일 생활권은 꿈도 꾸지 못하였을 것이다. 요즘 비행기는 지구 어느 곳이라 하더라도 24시간 내에 닿지 못하는 곳이 없을 정도로 신속성과 연계성이 뛰어나다. 그만큼 안전도 중요하지만 그것에 못지않게 신속성이 요구되는 것이다.

이런 관점에서 보면 아직도 여행자의 입장에서 불편한 점이 남아 있는데 공항은 보통 이착륙 시 발생하는 소음 같은 문제로 인하여 대도시와의 접근성이 떨어지는 경우가 많다. 때문에 도심까지 1~2시간 정도씩 걸리는 문제를 여행자 입장에서 보면 항공기의 신속성에도 불구하고 접근성 부족으로 많은 시간적인 손실을 감수하고 있다.

인천국제공항의 경우 고속도로를 이용하여 달리면 1시간 정도 이내에는 도심에 거의 닿는다. 국내선이 있는 김포국제공항까지는 30분이면 도착하기 때문에 일본 등 다른 국가들처럼 접근성이 크게 떨어지지는 않는다.

그러나 김포국제공항 시절에는 국내선과 국제선이 함께 있어 별반 문제가 없었지만 인천국제공항 개항 이후 아직까지는 국제선과 국내선의 연계 부족으로 다소간의 불편이 있을 수 밖에 없는 현실이다.

하지만 인천국제공항에도 국내선이 있다. 여객청사 동쪽 1층에 국내선이 도착하고 출발은 역시 동쪽 3층에서 출발하고 있다. 부산, 대구 등 일부노선 몇 편만 운항되고 있지만 공항에 도착하는 손님이 지방으로 내려갈 경우 그곳에서 곧바로 국내선이 연계되어 매우 편리하게 이용하고 있다.

해외에서 입국하는 어떤 여행자는 국제선에 도착하여 수하물수취대에서 비행기에 위탁한 자신의 짐을 찾지 않고 지방으로 내려가는 비행기를 그냥 타고 가는 경우가 발생하기도 한다. 여행자 자신이 국제선 환승의 개념으로 이해하여 짐을 항공사에서 국내선에 당연히 실어주는 것으로 잘못 생각하여 일어나는 수하물 오착 사고이다.

아무튼 인천국제공항에도 국내선이 증편되는 그런 날이 오면 국내선과 국제선의 접근성이 좋아 많은 여행자들이 더 편리해질 것이다.

김포국제공항의 김포-하네다간 노선 이용자가 날로 증가하는 것도 그만큼 접근성의 용이와 국내선 연계의 편리성에 기인된다는 것을 직접 우리 눈으로 확인하고 있다.

기브 미 아저씨

　　S OFA, 이것은 등받이와 팔걸이가 있는 안락한 장의자가 아니다. 한미주둔군 지위협정 Status Of Forces Agreement 의 단어 첫 글자를 따서 부르는 이름이다. 우리나라에 주둔하고 있는 주한미군의 법적 지위를 정한 협정으로 일반적으로 국제법상 외국군대는 주둔하는 나라의 법률 질서에 따르도록 하고 있다. 다만, 주둔지역 나라에서 수행하는 특수한 임무를 효율적으로 수행하기 위해 쌍방간의 법률 범위 내에서 일정한 편의와 배려를 제공하는 협정이다.

　　1966년 협정이 발효된 이후 주한미군에 대한 재판과 출입국관리, 미군이 사용하는 시설과 구역, 관세면제 등의 편의를 제공하여 왔다. 그러나 이것이 미군의 편의 제공차원을 넘어 주권에 막대한 피해를 줄 정도로 미국이 체결한 다른 80여개 국가 협정에 비해 우리나라에게 지나치게 불평등하다는 여론이 일기도 하지만, 이들은 자신들이 우리나라를 지켜주기 위하여 주둔한다는 남다른 자부심을 갖고 있기도 하다.

　　주한미군들이 입국할 경우 이 협정에 따라 우리나라 세관검사를 받는 것이 아니라 미군통관장교들이 직접 나와 그들의 휴대품을 검사하고 자체 규정에 의한 처리를 하고 있다. 이들이 반입하는 물품들은 주로 군대생활에 필요한 간단한 신변 물품들이며 일반 여행자와 같은 물품들이 거의 없는 게 특징이다.

　　그렇지만 군인의 신분으로 휴대 반입하는 총기류와 실탄이 있는 경우 협조를 얻어 세관에서도 총포류에 대한 기본적인 사항을 확인하게 된다. 이들은 대개 한국에 있는 부대에 전속명령을 받고 입국을 하기 때문에 여행자로서의 우범도는 거의 없다.

　　주한미군들은 우리나라에 주둔을 시작된 이래, 그동안 우리들에게 힘이 되어왔던 것은 부정할 수 없는 사실이다. 그래서인지 공항에서 그들을 보면 왠지 고맙고 감사하다는 생각이 들기도 하고, 어린 시절 그들이 지나가면 아무 영문도 모르고 "기브 미 Give me"를 외쳤던 기억이 되살아나 씁쓸한 웃음이 떠오르기도 하며, 그들의 파랗게 깎은 빡빡머리가 때로는 예쁘게 보이기도 한다.

그들이 오고가는 공항에는 한국인들도 자주 보인다. 한국인 2세인 미군도 있고, 미군과 결혼한 한국인 여자와 그 자녀들도 있어 따지고 보면 인류는 모두 한 가족이라는 생각과 함께 왠지 낯설지 않은 느낌이 든다.

대나무 숲에서

대나무는 예로부터 사군자와 십장생의 하나로 사시사철 변함없이 푸른빛을 띠고 있어 청빈하고 올곧은 선비의 상징으로 일컬어져 왔다. 그래서 선조들은 사랑채 후원에 대나무를 심고 대나무 숲에서 들려오는 댓잎 소리를 들으며 글을 읽고 대나무의 지조와 절개를 하나의 표상으로 삼기도 했다.

여물고 바르며 속이 비어 있고 곧은 대나무의 특성을 보고 시인 백거이는 이를 일러 수덕 樹德 과 입신 立身 과 체도 體道 와 입지 立志 라고 읊고 있다. 그만큼 대나무가 사람들의 생활 깊숙이 자리하며 선비처럼 귀히 여김을 받는 소중한 존재였음을 알 수 있다.

대나무가 따뜻한 지방의 아열대 식물이지만 겨울에도 늘 푸르른 것은 대나무가 강하기 때문이 아니라 그 비어 있는 속이 따뜻하기 때문이라고 한다. 생명력으로 충만한 것들은 그 내면에 자신을 비어낸 따뜻한 가슴들을 가지고 있다는 것을 우리에게 가르쳐 주고 있다.

요즘은 죽부인, 죽통밥, 죽엽청주 같은 대나무를 이용한 상품들이 우리곁에 가까이 있지만, 그래도 한편으로는 송강 정철의 사미인곡 思美人曲 과 송순의 면앙정가가 생각나기도 하고, 전통 혼례상에 오르는 송죽과 죽림칠현 竹林七賢 들의 은거, 정몽주의 선죽교 善竹橋, 민영환의 혈죽 血竹 과 죽장망혜 竹杖芒鞋 삿갓을 쓰고 방랑하는 시객 등의 여러 가지 모습들이 떠오르는 것은 이처럼 대나무의 지조와 절개가 우리들의 가슴을 울리기 때문이다.

이런 대나무 숲이 영종도에 있다면 그것을 누가 믿겠는가? 영종도는 바람이 많은 섬 지방인데다 위도 상으로 아열대기후가 아니라서 대나무의 생육이 어렵다. 그렇지만 인천국제공항 동편과 서편 끝 지하정원에는 10미터가 넘음직한 대나무 숲이 울창하게 조성되어 있다.

그 숲의 몸은 지하 쪽에 두고 머리는 1층 바닥위로 좀 올라와 있어 지나는 사람들은 그것이 대나무 숲이라고 쉽게 알아내지 못한다. 그렇지만 바람이 불때마다 시원하게 들려오는 댓잎소리가 여간 정겹게 들리지 않고 숲 속에는 언제 날아 왔는지 새떼들의 아름답게 지저귀

는 노래로 인해 자신도 모르게 그곳으로 눈길을 돌리게 된다.
  섬 지방은 육지에 비해 바람이 많이 분다. 바람이 불때마다 대숲은 늘 깨어 현자처럼 우리에게 말없이 다가와 덕을 겸비한 선비의 모습을 보여주고 우리들은 그 정신을 배우고 가슴을 비우며 대나무처럼 더욱 곧고 여물고 푸르게 자신들을 잘 키워 나가고 있다.

빈총을 쏘는 사람들

무기를 가지고 있는 사람들은 양면성을 가진다. 공격적이냐 방어적이냐가 매우 중요한 것으로, 우리나라의 오천년 역사를 더듬어 보면 공격성보다는 단연 방어성이 두드러진다. 반도 국가라는 지형적인 영향으로 인하여 외세의 침입을 많이 받아 오면서도 공격적인 용도로 사용하지 않고 주로 방어적인 무기로만 사용하였다. 그만큼 우리 민족은 예로부터 예를 숭상하고 충과 효를 중시하며 살아온 선한 민족이다.

사람이 사람에게 총을 겨눈다는 것은 참혹한 일이며, 이 지구상에서 가장 슬픈 비극이다. 그러나 역사는 총과 화약 냄새에 의해 수많은 아픔과 상처를 낳고 파란만장한 흥망을 거듭해 왔다. 총구에서 발사된 실탄이 어느 사람의 심장을 관통하고 그 실탄에 맞은 사람이 주검으로 변할 때 그것은 새로운 희망의 시작이 아니라 또 다른 불행의 씨를 심어 더 큰 비극으로 점철되는 것이다.

요즘은 새 같은 야생동물들도 사람들과 같이 보호받는 세상이다. 함부로 총을 겨눌 수도 없고, 합법적으로 허가를 하였다 하더라도 마릿수를 정하여 제한하고 있으나 개체수가 늘어나고 농작물이 피해를 입는가하면 비행기의 이착륙에 지장을 주기도 한다. 그렇지만 그들을 향해 맘대로 실탄을 장진하여 총을 겨누지는 않는다.

오늘도 공항에는 총을 가진 포수들이 하늘을 겨누고 있다. 그들의 총구는 새들을 향하기도 하지만 결코 새들을 잡으려고 하지는 않는다.

그들은 공격을 위한 조준이 아니라 방어를 위한 겨눔이며, 그들의 총에는 탄두가 들어 있지 않은 그저 소리만 나는 빈총이다.

그들의 총소리에 놀라 쫓겨 가는 새들은 비행기 엔진 속으로 빨려 들어가는 죽음을 면하게 된다. 결국 총으로 생명을 지켜주는 우군 지원사격이며, 끝내 피를 원하지 않는 포로구출 작전과 같은 것이다.

빈총을 들고 하늘을 쏘는 일은 미끼도 바늘도 없는 낚시를 드리우는 강태공과 다를 바 없다. 자연을 해치는 것이 아니라 자연과 합일되는 것이다. 우리를 굴복시키기 위함이 아니라 공항을 이용하는 비행기와 여행자와 새들의 안전을 함께 지키는 평화로운 공존을 위한 정의의 총잡이다. 오늘도 그들의 끊임없는 총소리에 놀라지 말고 오히려 그들의 아낌없는 사랑에 더욱 감사해야 할 일이다.

여유 있는 출국

오늘날 시간을 생명이라고 부른다. 그만큼 시간이 소중하다는 의미다. 이 세상은 실로 눈 깜짝할 사이에도 시시각각으로 변하고 있다. 마하시대도 실감나지 않고 이제 빛의 속도로 세상이 변해가는 느낌이다. 우리는 빨리빨리 라는 단어를 자주 반복하지 않아도 이미 우리들 생활 속에는 여유가 없고 그저 단솥에 기름이 튀는 것 같이 하루하루의 시간을 그렇게 살아가고 있다.

비행기도 이제 점점 더 빠르고 큰 비행기가 등장하고 있다. 하기사 우주여행이 머지않았다고 할 정도이니 우리가 이용하고 있는 비행기도 가까운 미래에 제트엔진이 아니라 로켓방식으로 바뀌게 될 것이다.

빠름의 반대는 느림이며 빠르다는 것만이 다 좋은 것은 아니다. 계절이 빨리 바뀌고 나이를 빨리 먹는다고 생각해 보라. 청춘도 장년도 금세 지나 노년의 황혼 속에서 자신의 발자취를 지우며 어둠 같은 종말을 맞이하게 되는 일이란 자기와는 상관없이 남의 일처럼 생각하고 싶은 것이다.

하여 좀더 천천히 여유 있게 살아가는 삶이 더 아름다운 것이다. 사람에게 주어진 시간들을 너무

인위적인 힘으로 통제하거나 빈틈없는 시간에 묶여 쫓기듯 살아갈 때 그것은 비생산적이요 비인간적인 것이 될 수 있기 때문이다.

해외여행을 떠나는 여행자들의 모습을 보노라면 그야말로 천태만상이다. 저마다 주어진 시간의 길이를 얼마나 짧고 길게 잡고 있는지 모르지만 일단 목적지를 정하고 항공권을 구입한 이상 모두 동일하게 부여된 시간 속에서 같이 비행하고 같이 움직이게 되는 것이다. 비행기 출발시각 2시간 전부터 여유 있게 출국수속을 밟는 여행자들의 모습을 보면 참으로 아름답다. 하지만 시간에 늦어 땀을 뻘뻘 흘리며 허겁지겁 출국수속을 밟는 여행자의 모습은 측은하고 애처롭기까지 하다.

더구나 언제 어디서 예상 밖의 돌발 상황이 발생될지 모른다는 점을 감안하면 이보다 더 여유 있게 출발 준비를 하는 것이 좋다. 비행기는 버스나 기차처럼 금방 탈 수 있는 수단이 아니다. 항공사에서 좌석 배정과 짐을 부치고 다시 출국장 안으로 들어가 보안검색과 출국 심사를 받은 후 비행기 탑승구까지 걸어가야만 하기 때문이다.

이제 우리는 여유 있는 출국이 즐거운 여행의 시작이라는 것을 알아야한다. 출국 수속을 끝내고 비행기 탑승대기 의자에 앉아 가장 생각나는 사람에게 작별의 전화, 문자메시지 한통 보낼 수 있는 모습이란 얼마나 아름다운 보기 좋은 출국인가?

감시하는 수천의 눈

눈은 보기 위해서 있다. 눈이 있어 미추를 분별하고 눈이 있어 넓은 세계가 열린다. 그러나 눈이 있어 욕심이 생기고 눈이 있어 전쟁의 역사가 시작 되었다고 하지만 우리는 눈이 있어 진실을 꿰뚫고 눈이 있어 푸른 하늘과 통한다.

하늘로 통하는 공항에서 특히 눈은 소중하다. 만나는 사람들에게 말보다 눈으로 인사를 하고 눈으로 마음을 전하는 보이지 않는 마음의 눈들이 여전히 빛나고 있다.

눈은 보이는 것의 현상적 영역에서 감정의 영역으로 우리를 옮겨 놓는다. 그래서 모르는 이에게 길을 가르쳐 주고 서로 눈이 마주칠 때마다 미소를 띠게 된다. 이렇게 아름다운 눈들이 빛나고 있는 공항에서 남의 눈을 전혀 의식하지 않는 청맹과니 눈도 있고 한 치 자기 발 밑만 내려다보는 근시안도 있다.

양보의 미덕도 친절의 베품도 다 눈에서 시작되지만 보이는 것을 백안시하는 눈이란 장님의 눈보다도 못하다. 장님은 뛰어난 감각으로 보이는 눈에 가까운 또 다른 눈을 가지고 있지만 백안시하는 눈이란 당달봉사의 눈과 같이 아무 소용이 없기 때문이다.

공항으로 가는 고속도로변에도 눈이 있고 공항여객청사 주변에도 여객대합실 안에도 우리 눈으로 잘 확인 되지 않는 많은 눈들이 움직이고 있다.

그 눈은 감시를 하고 있는 눈이 아니라 보호를 하기 위한 눈이며, 그 눈은 감기지 않는 눈이요, 생생하게 현장을 녹화하는 눈이다. 고정된 눈과 360도 회전하는 눈, 거리를 밀고 당기는 눈동자의 움직임은 공항을 찾는 모든 사람들을 살피고 보호하고 사랑하는 능력을 가진 눈이다.

그 눈은 입국검사장에도 출국장에도 빛나고 있고 그 눈이 있는 한 공항은 안전과 편리함이 공존한다. 그러나 난동이나 소란을 피우거나 공공질서를 해치는 일이 일어나면 그 눈은 무서운 눈으로 바뀐다. 그 눈에 의해 경찰이 출동하고 상황은 여지없이 수습되며 다시 아름다운 눈으로 돌아간다.

좋지 못한 의도를 품은 자에게는 감시의 눈이나 응징의 눈이 되지만 선한 마음을 가진 자에게는 하느님의 눈동자 같은 역할을 하는 그 눈이 있어 공항은 오늘도 별빛처럼 수천의 눈동자들이 반짝이고 있다.

테러범을 잡는 특경대의 위용

인천국제공항에 가면 검은 베레모에 검은 선글라스를 끼고 오른쪽 어깨에 소총을 가로질러 맨 검은 복장을 한 2인조 사나이, 그들을 공항경비대 특경이라고 부른다.

언제 어떤 일이 발생할지 모를 만약의 사태에 대비하여 그들의 눈은 항상 사방을 감시하며 공항의 안전을 위해 경계 및 초기 진압업무를 맡고 있다.

그들을 보면 대부분의 사람들은 든든한 마음을 갖게 되지만 반면에 일말의 불안감을 느끼기도 한다. 불안감을 느끼는 이유는 특경들이 배치되어 24시간 순찰을 해야 될 정도의 어떤 위급한 상황이 발생된 것은 아닌가 하는 위기의식 때문이다.

그렇지만 그들의 배치는 상황대처 뿐 아니라 예방차원에도 상당한 목적이 있는 것으로 그들의 무장한 복장과 위용 그 자체로만으로도 대단한 힘이 느껴지고 보는 이들은 기가 꺾이며, 설사 테러범들이 잠입하였다고 하더라도 행동을 개시하기가 어려울 것이다.

그들의 늠름하고 힘찬 행진은 비록 우리나라가 테러 안전지대라고 할 수 없는 상황에서도 한층 두려움을 덜어준다. 이라크 파병 등의 문제로 인해 테러발생 위협이 있을 때는 여객청사 3층 방향 도로변에 검은 장갑차까지 출동하여 우리들의 안전을 지켜주었다.

공항시설물은 보안상 매우 중요하다. 유사시 기동력의 원천이 되는 공항은 상대의 주요 목표물이 되므로 공항 부터 먼저 공격들이 이루어진다. 이처럼 중요한 시설이기 때문에 공항의 곳곳에는 무엇을 은닉할만한 작은 공간이나 장소를 원천적으로 차단하고 있다.

그러므로 투명한 휴지통을 사용하는 이유가 여기에 있다. 화장실 안이나 전기 배전반이 설치된 문 같은 곳은 하얀 종이 봉함용지가 붙어 있다.

이것 역시 은밀한 장소에 폭발물과 같은 장치를 할 가능성에 철저히 대비하기 위한 것으로 이런 곳에 붙어 있는 봉함용지는 절대 훼손해서는 안 된다. 그것이 훼손되어 있는 경우 테러범의 소행으로 보고 이에 대처하여 관계기관 등이 출동을 하게 되는 등 큰 소동이 벌어지기 때문이다.

  이상한 물체나 이상한 행동을 하는 자들이 발견되면 그것을 신고하는 것은 우리들의 몫이다. 우리가 몸을 던져 육탄으로 테러범을 막으라는 게 아니라 즉시 신고를 하기만 하면 일차적으로 우리의 의무는 완수되며 이러한 신고가 우리 공항의 안전을 보장하는 첫걸음이 되기 때문이다.

모범택시가 모범인 나라

모범택시란 배기량 3천CC 이상의 대형차를 가진 개인택시 경력 2년 이상에 무사고 2년 이상, 벌점 50점 이하 등의 까다로운 조건의 자격소지자가 운행하는 택시를 말한다. 말 그대로 택시 중의 택시로서 검정 색깔에 노란 뿔이 달린 모범택시가 여기저기서 우리 눈에 드물지 않게 보인다.

특히 공항에는 손님을 기다리는 모범택시의 줄지어 선 행렬이 택시 정류장을 넘쳐 별도로 주차장에 까지 몇 줄로 기다리고 있다. 손님 한 사람을 태우기 위하여 몇 시간씩 기다리는 그들의 인내심도 한마디로 모범인 셈이다. 기다리는 자에게는 반드시 손님 온다는 일념으로 그들은 차를 닦기도 하고 바둑판을 갖고 다니며 동료들 끼리 바둑을 두는가 하면 휴대용 컴퓨터 게임을 하는 등 그들의 기다리는 모습들도 천태만상이다.

모범택시 기사들은 여행자를 최고로 모시기 위하여 택시의 배기량과 차종과 서비스도 매우 다양하게 준비하고 있다. 3,000CC이상의 5인승 택시가 기본이지만, 6인승 콜벤과 9인승 대형 점보택시도 있으나 차량 색깔은 한결같이 고급스런 이미지를 위하여 검정색으로 통일하고 있다.

자가용이 부의 상징이던 60~70년대에 우리나라 자가용 차량의 색깔이 거의 검정색이었고, 또한 고급 관료들의 차량 색깔이 검정색인 점 등이 감안 되어 모범택시들의 색깔이 검정색으로 선택되었다. 이외에도 호출 및 예약, 택시요금의 신용카드 결제와 후불제, 공항 픽업 대행, 신개념 여행, 행사차량 지원 등의 서비스를 실시하고 있다.

　이런 우리나라 모범 택시의 요금은 일본에 비하여 저렴한 편이다. 일본의 경우 25Km (40분) 거리에 8만원 정도이지만 우리나라 경우에는 3만원 정도에 불과하다. 그러나 우리나라 모범택시는 가격 면이나 서비스 수준에서 다른 나라에 비교하여도 뒤지지 않는다.

　그렇지만 상대적으로 값이 싼 리무진 버스가 주요 호텔을 거의 운행하고 있고 가격 면에서는 일반택시보다 좀 비싸다는 이유로 모범택시들이 어려움을 겪고 있다. 하지만 한번 모범은 영원한 모범으로 여행자들에게 인식되어가고 있어 앞으로 영업이 더 잘 되는 그런 날들이 기대되고 있는 것이다.

유니폼 경쟁시대

　공항에 오면 여러 가지 유니폼을 입은 사람들이 많이 눈에 띤다. 그 중에서도 항공사 승무원들의 유니폼이 단연 돋보인다. 국적 항공사인 대한항공과 아시아나항공의 유니폼을 보면 그 나름대로 한국적인 문화의 악센트와 전통의 상징을 담고 있으며 매우 친숙하고 세련미가 돋보인다. 굳이 누가 설명을 하지 않더라도 태극문양이나 색동 이미지만으로도 한국적 이미지를 잘 표현하고 있다.

　유니폼은 이제 단순히 옷으로서 멋의 기능에 국한되지 않고 기업 이미지를 상징하며 브랜드의 가치를 높이는 역할을 수행하고 있다. 항공사 승무원들이 유니폼을 입고 출퇴근 하는 것이나 최근 대한항공에서 한국적인 분위기와 세계적인 패션흐름에 맞는 새로운 유니폼으로 교체하는 것은 그만큼 승무원들의 유니폼이 고객을 위한 서비스의 한부분이 되고 나아가 항공사 이미지를 홍보하는 중요한 역할을 한다는 것을 알 수 있다.

　여러 항공사에 몸담고 있는 많은 승무원들의 유니폼 패션장이 되고 있는 공항에서는 저마다 특색 있는 승무원들의 유니폼이 보는 이들의 시선을 집중시킨다. 특히 유니폼을 입은 승무원들의 젊고 뛰어난 외모와 지성과 교양, 그리고 외국어 실력까지 골고루 갖춘 그들의 행진은 아름다운 연극무대를 보고 있는 듯한 착각에 빠져들게 한다.

　게다가 한국, 일본, 싱가포르 같은 아시아권 항공사 스튜어디스들은 서양권 항공사에 비해 훨씬 젊고 돋보이는 수준을 갖추고 있어 여행자들에게 보다 수준 높은 서비스를 제공하는 것으로 널리 알려져 있다.

　승무원들의 유니폼 중에서 돋보이는 것을 꼽으라고 한다면 아무래도 싱가폴항공 승무원들의 유니폼을 빼놓을 수 없을 것 같다. 보라색과 붉은색과 파란색이 잘 조화된 동양적이며 고상하고 특이한 바탕무

늬가 눈길을 끌게 한다. 몸에 밀착된 투피스형 디자인에 치마 옆 측면을 트임으로 만든 것이 한껏 보는 이들의 감성을 건드린다.

단순한 호기심의 차원을 넘어 매혹적이며 신비감까지 드는, 어찌 보면 바다에서 뭍으로 올라온 한 마리의 인어 같은 느낌을 풍긴다. 옷이 날개라는 옛말에 고개를 끄덕이게 되고 그 이외에도 그들은 서비스 또한 세계적인 것이라는 평가를 받고 있다.

오늘날 유니폼 경쟁시대에 사는 우리는 이제 옷도 잘 입어야 성공할 수 있으며, 특히 옷 속에 감추어진 아름다운 마음과 얼굴 속에 깃들여진 미소가 함께 동반되어야 일류 멋쟁이가 될 수 있다는 것을 다시금 확인하게 되는 것이다.

안경 쓴 승무원은 없다

가장 교양 있고 가장 예쁘게 인사하며 가장 미소가 아름다운 사람이라고 하면 누구를 손꼽을 수 있을까? 아무래도 승무원을 꼽을 수 있지 않을까 싶다. 승무원은 선발할 때부터 키와 시력과 체격 등의 신체조건에다 토익 점수와 이미지 등을 우선적으로 고려하기 때문에 대부분 밝은 표정과 늘씬한 몸매 등 미인의 조건을 대부분 갖추고 있다.

키를 따지는 이유는 기내에 짐을 넣는 Overhead bin과 천정 쪽에 있는 비상 장비함에 손이 닿을 수 있는 정도가 되어야 손님들에게 불편 없이 안전하게 서비스를 제공할 수 있기 때문이라고 한다.

그러나 시력에 관하여는 더 까다로운 조건을 요구하고 있다. 사람의 표정에 있어서 눈은 첫 인상을 좌우하는 중요한 포인트가 되기 때문에 항상 웃는 눈으로 정기가 빛나야 하며 손님들을 응대할 때 눈으로 말하고 가슴으로 경청해야 하는 것이다.

특히 승무원은 다른 서비스 분야 종사자들에 비해 더 세련되고 품위 있는 서비스를 제공하기 위하여 시력의 철저한 기준을 둔다. 이 말은 곧 손님들에게 더 밝고 좋은 표정으로 응대하기 위해서는 절대 안경을 써서는 안 된다는 것이다.

그러므로 시력이 나빠 안경을 쓰는 사람들은 1차적인 신체 조건에서 승무원이 될 자격이 없으며, 어쩔 수 없이 안경을 써야 하는 경우 콘텍트 렌즈를 착용하거나 아니면 라식수술을 해야만 기본적인 조건에 충족되는 것이다.

이처럼 손님을 최고로 모시기 위한 항공사들의 서비스에 대한 노력은 실로 갸륵하고 감동적이다. 아무래도 안경을 쓰면 디자인이나 크기, 색깔 등에 의해 온화한 이미지가 차갑게 보이기도 하고, 또 무엇

인가 가로막는 하나의 유리벽을 두는 것 같아 손님과의 거리감이 생겨 친근감을 저해할 수도 있으며, 서비스 제공시 안경이 불편을 초래할 수도 있는 점등을 감안하여 안경 착용을 금지하는 것은 다른 직업에서는 상상도 할 수 없는 말이 되지 않는 문제이기 때문이다.

눈은 마음의 창이다. 마음의 창에 또 다른 유리창을 두지 않는 승무원들의 눈빛은 더욱 아름답게 빛나고 있다. 이제 다시 한번 살펴보라. 어디 안경 쓴 승무원이 보이는가? 결코 안경 쓴 승무원은 없지만 안경 쓴 공무원은 있어 여행자들에게 더욱 양질의 서비스를 위해서 언젠가는 공직사회에도 안경금지령이 내려질는지도 모른다.

귀가 아름다운 사람들

귀는 소리를 듣기 위한 신체의 한 부분이다. 사람도 귀가 있고 동물도 귀가 있으나 사람의 귀가 더 아름다운 것은 말을 잘 알아듣기 때문이다. 물론 동물들도 말을 전혀 알아듣지 못하는 건 아니지만 사람에 비교할 바는 되지 못한다. 그렇지만 사람이 사람과의 관계에서 서로 말이 잘 통하지 않는다는 것은 서로 말귀를 알아듣지 못하거나 마음을 열지 못한데서 생기는 문제인 것이다.

우리는 누구나 아름다운 귀를 갖기를 원한다. 귀는 남의 말을 잘 들어 줄때 더 아름답게 보이는 것이다. 공항에 근무하는 사람들은 귀가 아름다워야 한다. 귀가 아름답지 못하면 여행자들에게 불편과 불친절과 불이익을 주게 된다.

우선 세계 각국에서 들어오는 여행자들의 말을 잘 들을 줄 알아야 한다. 그 말을 들으려면 적어도 많이 통용되는 몇 개의 외국어에 대한 기본적인 수준은 갖추어야 한다. 말을 잘 알아듣지 못하면 여행자들에게 친절하게 일을 처리할 수 없는 것은 너무도 당연하다.

그러므로 외국어 실력 배양은 물론 여행자의 말귀를 제대로 알아듣는 노력이 필요한 것이다. 여행자의 입장으로 돌아가서 그들의 말을 소중하게 듣고 그들의 마음을 잘 이해하여야만 말이 들리고 말귀가 보이며, 서로 아름다운 양방향 소통이 이루어지는 것이다.

서비스 종사자들은 대개 귀걸이를 잘 하지 않는다. 귀걸이는 여행자들로부터 좋지 않은 느낌을 줄 수도 있으며, 왠지 순수함이 감소되는 듯한 느낌으로 다가오기 때문이다.

이런 이유로 승무원들도 귀걸이를 잘 하지 않는다. 가능한 귀가 나오도록 머리를 가지런하게 묶어 망으로 싸는 스타일을 많이 하고 있다. 그래서인지 승무원들의 귀는 참 예쁘고 아름답다. 여행자들의 말에 너무도 잘 반응하는 그 아름다운 귀를 우리는 아름다운 미인의 귀로 불러야 할 것이다.

사람들은 공항에 가면 귀가 아름다운 사람들을 만나고 싶어 한다. 사막 한가운데 선 느낌이 드는 넓고 넓은 공항에 무엇 하나 익숙한 것이 없는 여행자들을 생각해 보라. 그들은 분명히 아름다운 귀를 원하고 있으나 사람들의 귀가 막혀 있다면 얼마나 불편하고 힘들겠는가?

이제 우리도 귀로 일하고 눈으로는 웃는 승무원들의 그 아름다운 모습을 닮아가야 한다. 앞으로는 '아름다운 귀 미인 뽑기 대회'도 생겨 그 미인들이 선망의 대상이 되는 그런 날을 기대해 본다.

반바지 차림의 한국인

인간의 문명은 사람들로 하여금 옷을 입도록 만들었다. 옷은 사람의 격을 높여주고 첫 인상을 크게 좌우하기 때문에 옷을 잘 입는다는 것은 매우 중요한 일이다. 그러나 옷을 잘 입는다는 것은 최신 유행하는 값비싼 옷을 입는다는 의미가 아니라 때와 장소에 따라 자신에게 어울리는 옷을 단정하게 입는 것을 말한다.

입국검사장에서 여행자들이 입고 오는 옷차림새로도 여행자의 신분이나 여행목적을 쉽게 파악할 수 있다. 양복을 갖춰 입은 사람들은 대개 비즈니스가 목적인 회사원이나 공무원인 경우가 많고, 가벼운 등산복 차림의 옷을 입은 사람들은 단체 관광객이나 신혼부부가 많으며, 모자를 깊게 눌러쓰고 크고 짙은 색 선글라스를 낀 사람들은 유명 연예인인 경우가 많다.

이렇게 입국하는 여행자들의 다양한 차림새에서 이미 어느 정도의 신분 파악과 여행목적을 알아내야만 신속하고 친절한 검사를 할 수 있다. 그러므로 여행자가 입고 오는 옷차림 하나라도 그냥 지나치지 않는다.

비싼 밍크코트나 친칠라코트를 입고 오거나 기 백 만 원이 넘는 명품 의류를 입고 오는 여행자에게는 아무래도 새로 산 의류인지 여부를 직접 또는 간접적인 방법으로 확인하게 된다. 해외에서 새로 사 입고 오는 의류인 경우 왠지 옷이 잘 어울리지 않고 여행자의 차림과 표정이 어색하고 불안하게 보여 십중팔구 검사 직원에게 안내된다.

한여름에 밍크코트나 고급 스카프를 매고 온다고 생각해 보라. 그리고 고급 구두를 신고 오거나 고급 선글라스를 착용하고 오는 것도 거의 눈에 띠며, 체구에 비해 뚱뚱하게 보이고 걸음걸이가 뒤뚱거리는 여행자는 고급 속옷들을 여러 겹 껴입고 들어오는 경우가 많다.

이처럼 옷이 입국여행자의 휴대품 검사대상 여부를 판단하는 데 많은 도움을 준다. 그러나 검소하고 간편한 차림을 한다고 하여 런닝셔츠와 반바지 차림에 슬리퍼를 끌고 나오는 여행자를 마주할 때는 너무 심하다는 느낌이 들기도 한다. 아무리 해외여행을 가서 해수욕을 즐기고 온다고 하여도 서로 기본적인 예의는 갖추어야 하지 않는가?
　수영복 차림은 수영장에서는 아무렇지도 않지만 만일 그 차림으로 도심 대로로 나온다고 생각해 보자. 아마도 경찰이 출동하여 당장 연행해 갈 것이며 정신이상자 정도의 취급을 받는 촌극이 벌어지게 될 것이다.
　아무튼 아무리 옷을 입는 게 자유라고 하여도 반바지 차림으로 출입국 하는 여행자를 좋게 보기란 쉽지 않다. 신혼여행을 다녀오는 부부들은 젊음 그 자체 하나만으로도 아름답지만 옷을 갖추어 입으면 더 아름답다는 사실을 한번쯤 상기해 봄직하다.

반바지 차림의 한국인

빌려서 사는 시대

우리는 세상을 살아가면서 점점 빌려서 사는 시대로 가고 있다. 원시 수렵시대에야 자급자족이라는 생활이 가능하였으나 문명이 발달되고 날로 인구가 늘어 갈수록 빌려서 사는 시대로 전환되어 가고 있다.

지금 우리가 살고 있는 집은 물론이며, 사무실과 자동차도 임대하여 산다. 이제는 임대가 생활 깊숙이 침투하여 휴대폰, 정수기, 장난감, 책, 의류, 컴퓨터는 물론 각종 기기와 장비 등이 있고, 한걸음 더 나아가 운동선수 같은 사람을 돈 받고 임대하는 시대가 되고 있다.

임차의 측면에서는 사는 것보다 훨씬 적은 비용으로 필요한 기간만큼 사용하는 경제성이 있고, 한편 임대의 측면에서는 이윤을 더 남길 수 있는 장점을 갖고 있어 임대업은 꾸준한 성장을 보이고 있다.

공항에도 임대라는 것이 눈에 띤다. 가장 대표적인 것이 있다면 렌터카와 휴대폰 임대이다. 우리나라에 입국하면서 자동차를 임차하고자 하는 경우 1층 여객대합실에서 렌터카 데스크를 찾으면 된다. 차종도 다양하게 준비되어 있고 차량들은 보험이 가입되어 있어 사고 시 보험 혜택을 받을 수 있으며, 여행자는 국제운전면허증 소지 등 소정의 요건만 갖추면 자동차를 빌려 직접 자기 짐을 싣고 공항에서 출발할 수 있고, 출국 시에 다시 공항까지 몰고 와 반납하면 된다.

그리고 여행자들이 많이 이용하는 휴대폰 임대는 외국으로 출국하는 내국인 여행자가 임차하는 경우와 입국하는 외국거주 여행자가 국내 체류 중 사용하고자 하는 경우 임대를 해주고 있다. 출국하는 여행자는 자신이 여행 중 다니게 될 지역을 미리 데스크 직원에게 잘 설명하고 통화 가능 국가 및 지역을 사전에 확인해 두는 것이 좋다. 왜냐하면 휴대폰의 경우 세계 전 지역이 모두 통화가 되지는 않기 때문이다.

그런데 임대 중에서도 가장 비싼 임대에 해당하는 비행기도 임대를 하고 있다. 임대하는 비행기를 흔히 전세기라고 부르는 데, 비행기까지 임대하여 마음껏 세계로 날아가는 시대에 우리가 살고 있다. 물론 세계적인 부호들이나 기업가들은 자가용 비행기를 타고 다니는 세상이지만 아무래도 요즘은 임대를 잘하고 사는 사람들이 더 앞서가는 사람들이라고 불러도 될 것 같다.

하지만 임대나 임차로 되지 않는 것이 하나 있다. 친절, 그것은 임대할 수도 임차할 수도 없다. 그래서 인천국제공항에 근무하는 많은 사람들은 친절이 몸에 배도록 무던히 애를 쓰며 스스로 친절의 표상이 되어가고 있다.

귀한 손님이 되는 법

여행자들은 외국을 방문 할 때 그 나라의 입국절차나 규정 등에 관하여 많은 관심을 갖게 된다. 혹시 자신이 여행을 하는 데 있어서 어떤 문제가 생기지 않을까 하는 의문을 가지게 되지만 그렇다고 그 나라의 규정을 일일이 따져가며 하나하나 모두 익힐 수는 없다. 그래서 여행사나 아니면 책 등을 통하여 사전에 방문하게 될 나라들의 기본적인 정보를 익힌 후 여행을 하는 게 통례이다.

공항에서 어떤 외국인 여행자들은 포켓용 책 같은 것을 펼쳐가며 한국말을 떠듬거리면서도 애써 기본적인 인사를 하는 모습이 보게 된다. "안녕하십니까?", "감사합니다" 정도의 수준이지만 그것을 굳이 우리나라 말로 인사하는 이유는 그들이 우리나라 언어를 익히자는 데 목적이 있는 것이 아니라 남의 나라를 방문하면서 기본적인 인사 정도는 그 나라말로 해 주는 것이 최소한의 예의라고 생각하고 있기 때문이다.

우리는 남의 집을 방문을 할 때 그 집 수준에 맞는 예절을 갖추는 것이 중요하다. 남의 집에 가서 자기 집에서 하는 것처럼 언행을 하는 것은 결코 바람직한 자세가 아니며, 마찬가지로 외국을 방문할 때도 같은 맥락으로 이해하면 될 것이다.

비행기 기내에는 보통 도착지 국가에서 요구하는 신고서나 안내서 같은 것들이 있다. 가능한 그런 신고서나 안내서를 미리 잘 읽어두는 것이 자신을 위하여 중요한 일이다. 어떤 여행자들은 그런 것 하나도 여행의 한 부분으로 생각하며 꼼꼼히 챙기는 여행자들이 있는가 하면 어떤 여행자들은 잠을 자거나 술이나 마시는 정도로 그 시간을 보내기도 한다.

어떤 것이 더 나으냐고 따질 필요는 없겠지만 낯선 사람들 끼리 함께 탄 비행기는 제 맘대로 하는 무법천지가 아니라 불과 몇 시간 동안이지만 또 다른 하나의 임시국가나 마찬가지다. 기내에서도 나름대로의 예절이 있고 여행자로서 하여야 할 것은 스스로 먼저 챙기는 것이 좋다.

그리고 가능한 기본적인 영어 회화 정도는 하는 것이 좋다. 영어는 국제 공용어가 되어 있어 세계 어느 나라로 가더라도 대부분 말이 통하기 때문이다. 만일 기본적인 회화도 잘 안된다면 여행 중 필요한 단어 몇 개만이라도 익혀두면 도움이 된다. 간단하게 한두 단어로도 자신의 의사표시가 조금은 가능할 수 있기 때문이다.

어쨌든 해외여행자들이 입국하면서 우리말로 인사를 하는 것처럼 우리도 해외에 나가면 그 나라 말로 인사를 하는 정도는 되어야 한다. 그것은 그 나라 사람들을 위한 것이 아니라 곧 여행자 자신을 위한 것이며, 그렇게 인사를 하게 되면 그들은 우리를 친절하게 훨씬 더 귀한 손님으로 맞이하게 될 것이다.

기도하는 여행자

　기도는 사람이 신성하거나 거룩한 존재와 대화를 하는 행위이며, 바라는 바가 이루어지도록 신에게 비는 것이다. 그러므로 기도는 사람만이 할 수 있는 특권이며 기도를 통하여 새로운 힘을 얻고 인간관계를 더욱 따뜻한 사랑으로 열어가게 하는 것이다.

　사람을 일컬어 만물의 영장이라고 부르고 날개가 없이도 비행기를 타고 하늘을 날지만 사람들은 하늘을 날면서도 어쩔 수 없이 두려움을 갖게 되는 나약한 존재임을 확인하게 된다.

　고소공포증이 있는 사람이 아니라고 하더라도 비행기가 굉음을 내며 이착륙할 때나 비행 중 고공에서 수천피트 아래 세상을 내려다보노라면 자신도 모르는 두려움을 갖게 된다. 그것은 인간이 날개가 없기 때문에 만약의 사태 발생시 수직으로 추락하는 것 이외에 별다른 방도가 없기 때문이다.

　요즘 여행자들은 출국 시 여행자보험을 가입하기도 한다. 그것은 만일을 위한 대비책의 한 방편이기도 하지만 그것 외에 기도로써 자신의 여행에 있어 안전하고 뜻 깊은 여행을 기원하는 것도 좋은 방법중의 하나가 될 수 있을 것이다.

　물론 종교를 갖지 않은 사람은 이에 해당이 없다고 할는지 모르지만 사람이 하루 5분 정도 명상의 시간을 갖게 되면 스트레스 해소와 마음의 평안을 찾게 되는 대단히 좋은 건강법이라고 권한다. 장거리 여행에 앞서 조용하고 진실하고 진지하게 자신에 대하여 기도를 하거나 명상의 시간을 가져보는 것은 매우 의미 있는 시간이 될 것이다.

  인천국제공항에는 이런 여행자들의 편의를 위하여 출국장 4층 공항 라운지 쪽에 아담한 기도실을 마련하고 있다. 10여평 남짓한 공간에 긴 의자만 나란히 정렬되어 있고 그 이외에는 어떤 장식도 없고 다만 밝게 빛나는 형광등 불빛 밖에 없다. 어떤 종교를 가진 사람도 출입이 가능한 곳으로 누구나 순백의 영혼으로 돌아가 올리는 묵상의 기도나 깊은 명상에 잠길 수 있는 최적의 공간이 준비되어 있다.

  동자승이 두 손을 모우고 있는 형상이나 정화수를 떠놓고 기도하는 어머니의 모습만 떠올려도 마음의 평안을 느끼게 되는 것처럼 기도실에만 들어오면 이미 축복받는 여행의 행복한 주인공이 되고 만다.

입양 가는 아이들

3층 출국장 대합실 한켠, 유아용 바구니에 담겨 새록새록 잠든 갓난아이를 가운데 두고 단정하게 옷을 입은 사람들이 둘러서서 무엇인가를 하고 있다. 머리를 숙이고 두 손을 모은 것을 보면 기도하는 모습이라는 걸 쉽게 알 수 있다. 잠시 후 그렇게 기도가 끝나고 난 뒤 갓난아이는 출국여행자로 보이는 사람에게 인계되고 아이의 보호자인 듯한 젊은 여자가 한참동안 눈시울을 붉히며 울고 서 있다.

이런 모습을 요즘도 가끔씩 보게 되는 데 한국전쟁 이후 발족된 홀트 아동복지회에서 해외로 입양을 보내는 출국의 한 장면이다. 1955년 미국의 홀트 여사가 한국전쟁에서 태어난 혼혈아들의 다큐멘터리를 보고 난 후 고아 등 소외받는 어린이들에 대하여 해외 입양사업을 시작하게 된 것이 그 시초이다.

전쟁이후 2000년까지 입양 전담기관을 통하여 해외로 입양을 보낸 숫자가 무려 14만 명을 넘고 있다. 이는 우리나라가 OECD 가입국이며 국민소득 1만 불이 넘어 선진국 행세를 하면서도 세계 최대 고아수출국으로 남아 있다는 것은 참으로 안타깝고 불행한 일이다.

모든 어린이는 가정에서 사랑을 받으며 행복하게 자랄 권리가 있으나 부모를 잘못 만난 불행이 결국 피와 살이 다른 천리 이국땅으로 입양되는 아픔을 겪게 되는 것이다. 아직도 북에서는 굶어죽는 아이들이 다수가 있다는 것을 우리 민족만이 가진 비극만으로 받아들이기에는 너무 가슴 아프고 자존심이 상하지 않을 수 없다.

동방예의지국이며, 정이 많고 사랑이 두터운 그 민족성은 어디에 가고 어린아이를 키울 사회적 인식이 없어 줄줄이 해외로 입양을 보내야만 하는 부끄러운 현실이 이제는 제발 사라졌으면 하는 마음이 간절하다.

우리나라도 이제 인구 증가율이 떨어져 출산장려정책을 펴고 있는가 하면 애완용동물을 키우는 사람들도 증가하고 있다. 그렇다면 출산장려정책과 병행하여 국내 입양시설을 증대시켜 해외입양을 국내 입양으로 전환시켜나가야 하며, 애완동물보다 훨씬 더 고귀한 사람의 입양에 보다 많은 분들의 참여와 지원이 있었으면 하는 생각이 든다.

머지않아 출국장에서 해외 입양을 가는 행렬이 사라지고, 반면 입국장에는 해외에서 입양 오는 갓난애들의 울음소리를 들을 수 있는 그날이 우리에게도 오게 될 것이다. 그동안 우리가 받은 만큼 베풀어야 하는 것이 사람의 진정한 도리가 아닌가 싶다.

유혹하는 눈빛

항공사 승무원들의 미소는 아름답다. '김치'와 '치즈'를 반복하지 않아도 눈이 먼저 웃고 입술이 위로 올라간다. 그들의 미소는 여행자들의 피로에 지친 마음을 따뜻하게 감싸주고 지루한 시간을 짧게 느껴지도록 하는 힘이 있다. 부드러운 미소가 여행자들의 언 마음을 녹이며, 그 미소는 이슬 머금은 유월의 장미 같은 빛깔과 향기를 가진다.

그들의 하늘에는 눈에 보이지 않는 길이 있어 어김없이 그 하늘 길로 날아간다. 그들이 지나간 길 위에는 아무런 흔적도 남지 않고 다시 미소만 남는다. 바람이 불고 구름이 지나가고 천둥이 몰아쳐도 언제나 미소의 힘은 하늘처럼 변함없이 항상성을 갖는다.

미소는 세상의 추한 모든 것을 깨끗하게 지우는 지우개요, 지워진 자리 위에 향기로운 꽃을 피우는 신비한 힘이며, 그 힘의 파동은 핵처럼 연쇄적으로 분열하여 점점 더 큰 위력으로 아름다운 세상을 비추는 빛이 된다.

그들의 아름다운 미소를 배우려고 애쓰는 공항 사람들도 이제 눈이 먼저 웃고 입술이 위로 올라간다. 서로를 보고 미소 지으며 서로 이해하고 사랑으로 다가가는 사람들은 이제 잘 알아보기 어려울 정도로 서로 닮은꼴이 된다. 눈이 닮고 입술이 닮고 미소까지 닮는다. 그들은 친절한 사람들이고, 고객 감동을 구현하는 서비스맨이며, 이 나라를 한 단계 더 높은 수준으로 끌어 올리는 역군들이다.

이런 사람들의 아름답고 신비스런 미소를 우리는 진실로 따뜻한 말과 환한 얼굴로 받아주어야 한다. 미소는 미소를 낳지만 혹여 미소가 다른 감정으로 오해되어서는 곤란하다. 미소는 미소 자체로서 아름답고 값진 것이지만 그 미소를 착각하여 자기를 좋아한다는 감정으로 오인할 때 그것은 참으로 부끄러운 일이다.

미소는 아름다운 자연과 같은 것이다. 자연은 특정인의 소유가 아니라 모든 사람들의 공유이며, 사람들은 더불어 함께 자연의 한 부분으로 살다 함께 또 다른 자연이 되는 것이다.

이제 다시 승무원들의 얼굴을 보라. 그리고 공항사람들의 얼굴들을 자세히 바라보라. 그들의 미소 띤 얼굴들이 진정 당신을 유혹하는 눈빛인지? 지금 그들의 눈빛은 온 세계를 향해 유혹하는 눈짓임을 알아야만 한다.

서울 김 서방 찾기

사람들은 만남을 통하여 서로의 관계를 확인하게 된다. 그래서 우리들은 살아가면서 서로를 생각하고 때로는 약속을 하여 만남을 갖게 된다. 이럴 때는 사람과 사람 사이의 거리가 매우 중요한 기준이 된다.

상대와의 관계에서 만남의 거리가 많이 벌어져 있으면 서로 관계가 먼 것이고, 거리가 가까울수록 친밀한 관계라고 할 수 있다. 하지만 관계의 소중함을 잘 알면서도 만남이 그리 쉽지 않음은 우리가 너무도 바쁜 일상에 매달려 사는 동안 어느새 만남의 거리는 끝이 보이지 않을 만큼 서로 멀어져 있게 된다.

공항에는 이역만리 멀고 먼 거리를 날아와 서로의 관계를 재확인하게 되는 아름다운 만남들이 펼쳐지고 있다. 만남은 말보다는 몸이 더 가까운 것 같다. 오랜만에 갖는 만남일수록 몸과 몸이 닿는 포옹으로 이어지고, 빈번한 만남일수록 악수나 목례의 인사가 많다. 이처럼 사람들의 만남은 체온처럼 따뜻하고 만남으로 인해 세상은 더욱 살맛이 난다.

공항 여객대합실 1층의 동편과 서편에는 만남의 광장이 있다. 입국하는 여행자를 기다리는 장소로 많이 활용되고 있으며, 아무래도 만남의 장소는 다른 어떤 곳보다도 서로 찾기 좋은 약속 장소가 된다. 그렇지만 이러한 장소도 동편, 서편이 잘 구분되지 않아 서로 길이 엇갈리는 경우가 많다. 요즘 휴대폰의 보급으로 서로 연락을 취하면서 만나기 때문에 예전만큼 사람을 찾는 데 그렇게 어렵지는 않다.

 그러나 문제는 거기에 있지 않다. 적어도 해외에서 입국하는 여행자를 만나기 위해 마중을 나오는 경우 최소한 여행자의 성명과 출발지와 항공사정도는 알아야 한다. 물론 비행기 편명과 도착시간까지 다 알면 좋겠지만 그것을 모르는 경우 성명과 출발지만으로도 항공사에 문의하면 여행자가 타고 오는 비행기 도착시간과 편명을 알 수 있기 때문이다.

 하지만 어떤 사람들은 무작정 일본이나 미국에서 오는 비행기에 아무개가 들어온다는 정도만 알고 공항에 나왔다가 허탕을 치는 경우도 있다. 그것은 서울 김 서방네 집을 찾는 것과 거의 비슷하다. 공항에는 하루에도 미국과 일본에서 들어오는 비행기만도 백대가 훨씬 넘기 때문이다.

 사람 마중 나와서 찾지 못하고 돌아가는 일이란 무척 속상하는 일이다. 마중 나온 사람도 문제이지만 입국하는 사람은 훨씬 더 어려움을 당하게 된다.

비행기도 바람을 탄다

　　하루에도 여러 차례 바람이 분다. 그러나 바람은 눈에 보이지 않는다. 다만 우리는 바람이 지나가며 남기는 흔적을 확인할 뿐이다. 바람은 철따라 불고 우리는 바람에 순응하며 살아가고 있다.
　겨울바람은 우리를 움츠리게 하지만 여름바람은 흐르는 땀을 씻어주며 활력을 준다. 봄바람은 우리를 생명력으로 넘치게 만들지만 가을바람은 깊고 고요한 명상으로 안내한다. 바람이 부는 날은 왠지 마음도 깃발처럼 펄럭이고 바람개비처럼 돌며 연처럼 날아오르는 느낌의 동력을 갖는다.
　세상에는 늘 바람이 지나가고 있다. 바람은 대개 수평으로 불지만 토네이도 Tornado 같이 수직으로 부는 바람도 있다. 바람의 종류에도 거울 면같이 평온하고 굴뚝연기가 수직으로 오르는 고요한 바람이 있고, 실바람, 남실바람, 산들바람, 건들바람, 흔들바람, 된바람, 센바람, 큰바람, 큰센바람, 노대바람, 왕바람들이 있으며 산더미 같은 파도와 더불어 지척이 분간되지 않는 싹쓸바람도 있다. 동쪽에서 불어

오는 바람은 샛바람이고, 남쪽에서 불어오면 마파람, 서풍은 하늬바람, 북풍은 된바람이라 부르며 이밖에도 높새바람, 편서풍, 극동풍, 계절풍 등 바람의 이름들은 무수히 많다. 결국 사람들은 바람과 함께 살다 바람과 함께 사라지는 것이라고 말해도 좋으리라.

　높은 하늘에도 늘 바람이 불고 있다. 특히 겨울철 서쪽에서 동쪽으로 부는 제트기류 Jet Stream 가 상층에서 부는 데 이 바람은 비행기 순항고도와 같으며 시속 100Km 전후로 불고 있다. 그래서 겨울철 우리나라에서 미국지역으로 갈 때나 유럽에서 우리나라로 올 때 비행기 운항에 영향을 주어 비행기는 배풍 뒷바람 을 받을 경우 순항을 하기 때문에 1~2시간 비행시간이 단축되고 연료도 절약된다.

　순풍에 가는 돛단배가 아니라 순풍에 나는 비행기가 되는 것이다. 그렇지만 제트기류 반대방향으로 비행할 경우에는 맞바람으로 인하여 오히려 도착 시간이 많이 지연되기도 하는 것이다.

　그러므로 겨울철에는 비행기가 바람에 영향을 받을 수 있다는 것을 감안하여 시간 계산을 미리 할 줄 아는 상식을 가지고 있어야 한다. 그렇지 않으면 항공기가 먼저 도착하거나 아니면 지연되어 계획에 차질이 생기는 경우를 당하게 된다.

　비행기도 바람을 타는 세상, 이제 우리도 바람을 의식하며 바람과 함께 열심히 살아가자. 어차피 사노라면 순풍도 맞고 역풍도 맞으면서 바람 따라 구름 따라 사는 것이 우리네 삶이리라.

승자와 패자

우리는 살아가면서 승자와 패자의 모습을 많이 보게 된다. 스포츠 경기의 경우 무승부를 두지 않는 경기에서는 반드시 승패가 가려지게 된다. 우리들의 일상적인 삶 속에서도 크고 작은 승패의 모습들을 어렵지 않게 찾아 볼 수 있다. 승자의 늠름한 표정과 패자의 초라한 모습이 대비가 되는 것을 보면서 우리들은 누구나 승자의 편에 서기를 원하는 것이다.

그러나 승자가 된다는 것은 쉽지 않으며, 그렇다고 승패를 피하고 살 수도 없는 것이 우리네 삶이라고 볼 때 그저 승패에만 연연하기 보다는 얼마나 최선을 다했느냐가 더 중요한 것으로 생각되어진다.

설령 패자가 되어 넘어졌다 하더라도 다시 빨리 일어나 앞으로 나아가야한다. 패배자 입장에서도 구름 속의 비를 보는 것이 아니라 구름 위의 태양을 바라볼 수 있으면 되는 것이다. 최선을 다하는 사람은 승자의 영광에 못지않은 자신에게 승리한 기쁨을 맛볼 수 있기 때문이다.

올림픽이나 월드컵 등과 같은 주요 국제대회나 행사가 있고 난 다음 대회 참가자들이 입국할 때를 보면 그들이 거둔 성적을 쉽게 짐작할 수 있다. 국제행사나 국제대회에 참가하여 우수한 성적으로 국위를 선양하고 귀국하는 운동선수, 학술인, 예술인 등의 여행자에 대하여는 입국시 특별한 대우를 해 주고 있다.

그들에 대하여는 검사생략을 원칙으로 하고 통관도 대리수속을 받게 하는 등의 혜택을 주고 있으나 패자의 경우에는 최선을 다했는지의 여부와 관계없이 조용히 고개를 숙이고 소리 없이 입국하는 모습들을 지켜보면서 승부 세계의 비정함에 마음이 아플 때도 있다.

현수막이 걸리고 카퍼레이드를 벌이며 수많은 환영 인파의 박수갈채를 받는 승리자들의 뒤에는 패배의 상처를 누르며 아픔의 눈물을 흘리는 패자의 모습들이 보인다. 승과 패는 간발의 차이지만 결과에 따라서 너무도 다른 대우를 받는다는 것을 눈으로 직접 확인하게 된다.

한편 수상급 이상에 해당하는 외국의 귀빈이나 우리나라 대통령과 삼부요인 감사원장, 대법원장, 국회의장 은 법령에 의해 출입국시 출입 통로가 다른 별도의 귀빈 예우를 받게 된다.

오늘도 공항에는 국위선양을 위해 많은 여행자들이 저마다 크고 작은 승부를 걸며 오가는 아름다운 모습들이 보인다. 그들은 세계 도처로 나가 저마다 주어진 승부에서 이기기 위해 태극마크를 단 선수처럼 열심히 싸울 것이다. 그리고 그들이 돌아오는 날 우리는 승패와 상관없이 언제나 신속과 친절한 서비스로 그들을 환영하며 따뜻하게 맞아주고 있는 것이다.

영화 촬영중입니다

우리나라 영화가 세계적인 수준으로 자리를 잡아 가고 있다. 세계 유명 영화제에서 큰 상을 받는가 하면 국내에서 제작된 영화가 관객 1천만 명을 돌파하는 예상 밖의 대단한 신기록이 세워지고, 또한 우리나라 영화가 해외시장으로도 활발하게 진출하고 있는 일들은 매우 고무적인 현상이다.

우리 드라마가 한류 스타를 탄생시켜 한류 열풍을 몰고 오면서 이로 인해 우리나라 경제 사회 전반에 걸쳐 많은 수익창출과 파급효과가 확산되고 있다. 그만큼 우리가 살고 있는 이 시대는 문화예술적인 힘이 국력을 좌우하게 된다는 점에서 영화산업의 중요성을 다시금 절감하게 된다.

이와 같은 영화산업의 발전과 관련하여 적어도 인천국제공항도 이에 무관하지 않고 작으나마 한몫을 감당하고 있다고 할 수 있다. 그것은 공항을 영화촬영 장소로 제공하고 있기 때문이다. 이미 공항의 볼거리처럼 되어가고 있는 이러한 영화 촬영은 그것이 있을 때마다 유명 배우들의 출연으로 펜들이 몰리는가 하면 촬영 현장을 지켜보려는 사람들의 호기심 어린 눈빛들이 꼬리를 잇고 있다.

여행자들의 출입이 약간 뜸한 시간, 공항의 어느 한쪽에서 감독의 지시에 따라 배우들이 연기를 하는 것을 보면 한 장면 장면이 피와 땀의 결실로 이루어지고 있다는 것을 확인하게 된다. 한 장면을 촬영하기 위하여 무수히 반복되는 '큐'와 '컷', 그리고 말없이 같은 행위를 반복하는 배우들의 연기는 따분하다 못해 애처롭다는 생각이 들기도 한다.

　게다가 동원되는 촬영장비와 소품, 그리고 스탭진과 별도로 동원되는 인원 등을 감안하면 한편의 영화를 찍는데 왜 많은 비용이 드는 지 이해가 되고도 남음이 있다. 이렇게 찍은 영화들이 완성되어 그것을 극장에서 직접 관람해보면 신기하게도 아주 싱겁게 느껴지던 촬영장면이 음악과 대사와 어우러져 우리를 감동의 도가니로 몰고 간다.

　그러나, 날이 갈수록 공항이 점점 붐비고 있고 영화 촬영은 계속 이어지고 있어 혹여 여행자들에게 불편을 주면서까지 영화를 촬영하는 일이 있다면 안 될 것이라는 생각이 든다. '터미널'이라는 영화 속의 공항은 단순히 영화를 찍기 위해 특별히 만든 거대한 세트장이라고 한다. 우리도 언젠가는 영화를 찍기 위한 공항을 별도의 세트장으로 만들어 촬영하게 될 날도 머지않은 것 같다는 생각이 든다.

꼭 한번 들러보고 싶은 곳

우리나라를 찾는 외국인들에게 인천국제공항에 가서 꼭 들러보고 싶은 한곳을 권하라고 한다면 어디를 추천할 것인가? 문화공연이 있는 날이라면 1층 밀레니엄홀을 추천하고 싶다.

작은 연못이 있는 소나무 숲 속에 앉아 알프스 소녀들의 요들송이나 한복을 곱게 차려입고 가야금 현으로 심금을 뜯는 그런 연주를 감상하는 것은 상상만으로도 기쁨이 넘친다. 그렇지만 공연이 자주 있지 않고 공연시간도 맞추기가 쉽지 않기 때문에 그곳은 적합하지 않다.

그러면 그 다음으로 추천할 만한 곳이 적당히 눈에 들어오지 않는다. 가장 한국적인 것, 우리나라만이 가진 고유한 문화적 속살을 살짝 보여주고 싶은 그런 곳이 공항에 있다면 참 좋겠다는 생각을 해 보지만 생각이 빨리 닿지 않는다.

그래서 가슴이 탁 트이는 활주로를 보면서 심호흡이라도 한번 해 보고 싶어 출국장 3층 안으로 들어가 본다. 서쪽은 중국 일본 등 외국 비행기들이 주로 출발하는 곳으로 많은 외국인 관광객들이 자기나라로 가는 비행기를 타기 위해 발길을 옮기고 있다. 그들의 뒤를 따라 가다보니 출국장 서편 50번 지역에 이르러 그들의 행렬이 일시에 발을 멈춘다.

그들이 갑자기 환호하고 카메라 후레쉬가 터지며 박수를 친다. 일본과 중국, 동남아 등에서 불고 있는 한류 열풍을 이어가기 위해 90평 남짓한 공간에 한류관을 설치한 것이다. 드라마·영화존에서는 대장금과 겨울연가, 한류 영화들의 대형 포스터와 스틸컷이 보이고, 연예인존에는 주요 한류스타 24명의 사진과 함께 한류스타들의 등신대가 설치되어 있다.

영상존에서는 영상물 상영과 뮤직비디오, 영화, 드라마를 보여주고 있으며, 뮤직존에는 한류 관련 OST 및 대중음악을 들을 수 있도록 되어 있어 외국인 관광객들이 직접 한류를 체험할 수 있는 최적의 공간이다.영 게다가 한류기념품 판매장과 동대문시장과 같은 중저가 의류매장, 홍삼, 전자제품과 우리나라의 고유 브랜드 상품도 진열하고 있으니 여기서 한국문화를 체험하기에는 부족함이 없다.

그리고 따로 30여 평의 공간에 외국인 한국문화전통체험관이 위치하고 있다. 외국인을 대상으로 우리나라 문화를 직접 체험할 수 있도록 특별한 프로그램을 운영하고 있다. 한지를 가지고 경대나 컵 받침을 만드는가 하면 방패연이나 가오리연을 만드는 것과 전통재료를 이용한 단청채색 등의 실기체험 종목을 무료로 실시하고 있다. 외국인 초보자가 쉽게 배울 수 있는 것, 전통재료로 실기체험 후 작품을 완성하여 가져갈 수 있는 있도록 배려한 것으로 세계 어느 나라에서도 찾아보기 어려운 이 프로그램은 강력 추천할만한 곳으로 전혀 손색이 없다.

최근 독도문제와 교과서 왜곡문제로 한일관계가 정치적으로는 다소 불편하지만 문화에서 만큼은 예외를 보인다. 일본관광객 수는 전년보다 오히려 늘었고 수학여행을 오는 학생들도 줄어들지 않고 있어 한류는 이제 거대한 하나의 문화 트랜드로 자리 잡아가고 있다고 볼 수 있다.

그들이 우리 문화에 심취되어 스타 종속적인 한류에서 문화종속적인 한류로 바뀌고 있으며, 이제 일시적 유행에 흔들리지 않는 시스템 한류 창출의 변화를 감지하면서 외국인들은 누구나 한번쯤 이곳을 들르지 않으면 후회를 하리라는 생각을 하게 된다.

불어라 욘사마 열풍아

욘사마 열풍이 일본열도를 강타하고 있다. 최근 한류 열풍 중에서 가장 위력이 센 것은 욘사마 열풍으로 공항에 오면 그 위력이 어느 정도인지 실감이 난다. 한국인을 비하하며 이등국민 정도로 바라보고 있던 일본 사람들이 욘사마 나라에 사는 한국 사람들 모두가 그들의 선망의 대상으로 떠오르고 있다. 그 바람의 진원지는 드라마 겨울연가 冬のソナタ 에 나오는 주인공 배용준의 애틋한 사랑과 그의 깔끔한 이미지가 일본인들의 감성을 자극하며 그들의 심금에 닿았기 때문이다.

공항 입국장에 설치되어 있는 L면세점의 광고에 배용준이 등장하고 있다. 흰 이를 약간 드러내고 웃고 있는 부드러운 미소와 말끔한 모습이 일본인들의 우상이 되어 가고 있다. 일본에서 들어오는 비행기가 도착하는 입국장은 여느 비행기 때와는 다른 풍경이 연출된다. 일본인 여행자들은 '욘사마'를 가리키며 광고판 앞으로 몰려가 여러 가지 포즈를 취하면서 사진을 찍으며 자리를 떠날 줄 모른다.

광고물에 있는 사진만 보고도 저렇게 환호하며 좋아할 수 있을까? 욘사마의 이런 인기는 일시적이라고 보기에는 그 위력이 너무 대단하다. 일본의 대표 기업이라는 SONY사의 광고에 배용준이 등장하는 것이나 욘사마 관광 상품이 출시되어 일본인들의 입국이 계속하여 줄을 잇고 있는 것을 보면 이것이 단순한 바람이 아님을 알게 된다.

이렇듯 욘사마 열풍과 같은 종류의 바람이 많이 불어야 한다. 중국에서도 한류 열풍이 불고 홍콩과 대만, 베트남에서도 비슷한 한류 바람이 불고 있는 것을 감지하면서 우리는 이 바람이 이제 아시아를 넘어 유럽과 미주로 불어가도록 문화적 역량을 키워 나가야 한다. 21세기는 문화의 세기이며 문화가 세계를 주도해 가는 시대이다.

그러므로 공항도 이제 단순히 여행자의 친절과 편의제공을 위한 단순 기능에서 탈피하여 다양하고 복합적인 문화 예술적 기능을 갖는 공간으로 전환해 나가야 한다.

굳이 무력의 지배보다도 문화의 지배가 더 강하다는 것이나 문화가 살아야 나라가 산다는 구호를 외치지 않더라도 우리는 유구한 오천년 역사 속에 빛나는 문화국가의 문화국민이라는 자부심을 갖고 우리 문화를 세계에 널리 전파하여야 한다. 해외로 출국하는 여행자 개개인 모두가 욘사마와 같은 한류 바람을 일으키는 문화선교사 역할을 하고 있다는 자부심을 가지고 모두 자랑스러운 한국인이 되어야 한다.

흡연방

담배가 건강을 해친다는 것은 누구나 잘 알고 있는 사실이다. 그러면서도 담배를 생산하고 담배를 피우며 그 담배로 인하여 좋지 않은 병을 얻는 일이 계속 되고 있다. 이런 악순환의 고리를 끊기 위해서는 아예 담배를 생산하지 않으면 되겠지만 그것은 술이 사람의 건강을 해친다고 하여 술을 만들지 않으면 된다는 논리와 같은 것으로 이것은 실현 가능성이 적은 어리석은 답변이 될 뿐이다.

아직까지 담배가 세수의 주요한 몫을 차지하고 있고, 또한 담배는 기호식품으로 많은 애연가들이 담배를 피울 권리를 갖고 있기 때문에 담배를 무조건 적대시 할 수는 없는 일이다.

예전에는 양담배를 피우지 못하도록 특별 단속을 실시하였다. 단속에 적발되는 경우 벌금이 비쌌는데, 담배 한보루가 적발되면 거의 한달치 봉급이 날아갈 정도로 처벌이 매우 강했다.

그런 만큼 양담배는 아무나 피울 수도 없었고 제법 재력 있고 대단한 분들이나 한번쯤 양담배 연기를 뿜어봄직한 일이었다. 당시 단속반원들은 담배연기만 보고도 양담배와 국산 담배 여부를 구분할 정도로 단속 기술이 고도화되었으며, 양담배가 선물로도 상당한 인기를 누렸는데 그때는 담배를 피우는 사람들이 아무데서나 맘대로 연기를 뿜어대는 자유가 있었다.
　그러나 지금은 사정이 아주 다르다. 담배를 아무 곳에서나 피울 수 없으며 비행기내에서도 완전 금연을 하도록 되어 있다. 장시간이 걸리는 비행기에 탑승한 여행자들 중 골초들은 몰래 화장실에 들어가 한 모금 빨아보지만 그것도 용이하지 않고 금세 발각되고 만다.
　공항도 공공장소이기 때문에 건물 내 전구역이 금연구역으로 지정되어 있다. 그런 이유로 1층과 3층에 흡연방이 설치되어 있고 흡연자들은 유리벽으로 된 그 흡연방을 찾아 담배연기를 뿜어대고 있다. 밖에서 보면 담배피우는 그들은 마치 홍등가 유리 박스 안에 앉아 있는 사람들 같이 초라하게 보이기도 하고 유치장에 갇혀있는 듯한 모습으로 보여 별로 보기가 좋지는 않지만 그래도 그들은 자신들만의 공간에서 즐거운 모습들이다.
　여객청사 문밖으로 나가면 항아리에 모래를 담아놓은 재떨이가 있고 그 주위로 흡연자들이 열심히 담배를 빨아대고 있으나, 그들이 뿜는 담배연기는 주변에 서서 버스를 기다리는 사람들에게 까지 영향을 미치고 있다. 섬의 상큼한 공기를 타고 피어오르는 담배연기가 언제까지 이렇게 허용이 될지 미지수이다.

만능의 세관인

국경을 지키는 일을 하는 것은 군인들만이 아니라 세관직원들도 그것을 한다. 한 나라의 국경인 관세선을 통과하는 물품을 지키고 세금을 부과하는 일을 하고 있어 경제 국방군이라고도 한다.

국가의 관문인 공항에 근무하는 세관직원들은 여행자들에 대한 휴대품 통관 업무를 수행하면서 친절 신속하고 정확한 업무 처리는 물론 특히 우리나라를 찾는 외국인들에게 보다 향상된 국가 이미지 쇄신을 위하여 최선을 다하고 있어 일명 준 외교관이라고 부르기도 하지만 준 외교관으로서 역할을 수행하기 위해서는 일반 공무원들과는 달리 보다 많은 노력이 필요하다. 단정한 용모와 미소 띤 밝은 표정은 기본이며 또한 다양한 어학 실력을 갖추어야 된다.

예를 들면 우리나라를 찾는 여행자들 중 입국빈도가 높은 일본,

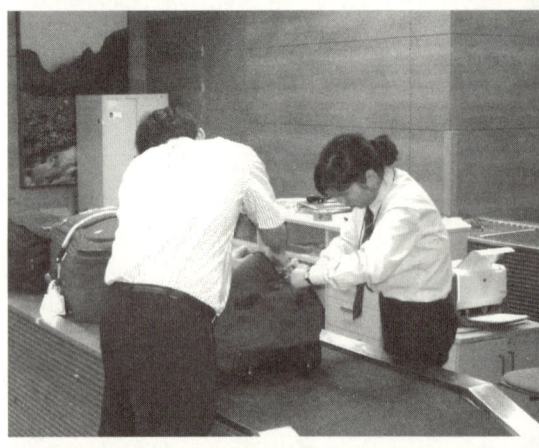

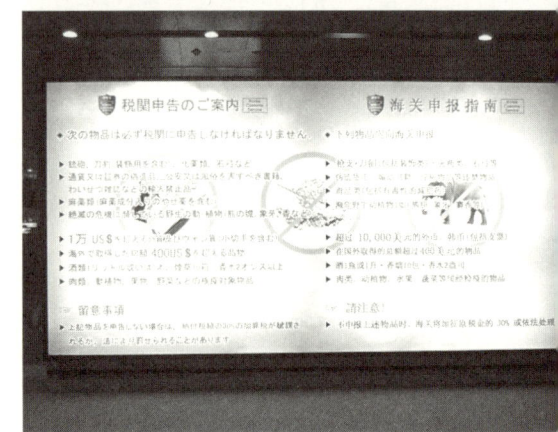

미국, 중국, 영국, 대만, 프랑스, 독일, 스페인, 러시아 등의 나라 여행자들에게 수준 높은 업무 처리를 하기 위해서는 먼저 서로 의사소통이 필요한 것이다. 미소가 만국 공용어이므로 미소 띤 얼굴로 친절하게 응대를 하면 된다고 하지만 그것은 말하기 좋은 격언 정도에 불과하다.

유능한 세관직원이 되려면 영어와 일어는 기본이고, 요즈음은 중국어, 러시아어, 아랍어와 불어, 독어, 스페인어 등 그 언어의 기본만 익힌다 하더라도 벌써 몇 개 국어를 해야 될지 손가락을 꼽기가 부족하다. 그렇다고 그들에게 우리나라 국어로 응대하면 대부분 아무 말도 통하지 않는 깜깜한 벽이 되고 만다.

그리고 언어의 장벽만 해소되었다고 일이 끝나는 것이 아니라 많은 상품학 지식과 다양한 세계문화를 섭렵하여야 한다. 여행자가 어떤 물품을 가지고 왔는데 그것이 무슨 물건인지, 용도는 무엇이고 가격이 어느 정도인지는 물론이며 각국의 문화 상식과 몸에 밴 친절이 겸비되어야만 원만하게 업무를 처리 할 수 있으니 그야말로 세관직원은 만능인이 되어야 한다.

지금 우리나라도 경제대국으로 발돋움하고 있고 앞으로 국가적 위상이 크게 향상된다면 머지않은 미래에 우리 세관직원들도 외국인 여행자들에게 한국어로 응대하는 그날이 올 것이라고 성급한 기대를 해본다.

신성한 신고

대한민국 남성은 신성한 병역의 의무를 가진다. 그것은 남북한이 분단되어 휴전선을 사이에 두고 서로 총구를 겨누고 있기 때문이다. 아버지도 군대를 갔다 왔고, 그 아버지의 아들이 군대를 갔으며, 또 그 아들의 아들이 군대를 가게 된다.

그러므로 대한의 아들로 태어난 이상 누구나 한번은 애국자가 된다. 피 끓는 나이에 모든 것을 잠시 접어두고 군에 입대하여 국가와 민족을 위해 젊음을 바치는 그 충정은 흔치않은 우리나라만의 신성한 축복인지도 모른다.

우리나라 남자들은 둘만 모이면 군대 이야기가 빠지지 않는다. 어디서 훈련을 받았고 어디서 복무를 했으며 거기서 자기의 주특기는 무엇인데 자기는 거기서 멋진 군대생활을 하였다는 식의 스토리는 거의 공통적이다. 결국 군대에서 고생은 하였지만 치열한 전투에서 승리한 개선장군처럼 자랑스럽고 신명나는 무용담으로 미화된다.

그래서 군대를 갔다 오지 않은 사람들은 감히 이야기에 끼어들지도 못하고 조용히 듣고만 있어야 하는 입장이 되기도 한다. 예전에는 공무원시험에 가산점을 부여하였으나 이것이 위헌이라는 판결로 지금은 혜택이 없어졌지만 아무튼 군대 생활에서 배운 인내와 단결과 지혜는 살아가면서 그 무엇으로도 바꿀 수 없는 특별한 힘이 된다.

아직도 우리나라는 남북이 대치하고 있고 세계열강 사이에서 자주국방의 필요성이 존재하는 한 우리 젊은이들에게 그 의무를 면제해 줄 수는 없다. 이로 인해 병무청에서는 해외로 출입국 하는 병역의무자들의 효율적인 관리를 위하여 공항에 병무신고사무소를 설치, 운용하고 있다.

18세 이상 35세까지의 남자 중 병역의무를 마치지 않은 사람은 병

무신고사무소에서 출국신고와 귀국신고를 하여야 한다. 출국여행자의 경우 먼저 탑승수속 전에 여권과 국외여행허가증명서와 출국신고서를 작성하여 제출한다. 귀국신고는 여권과 귀국신고서를 작성하여 제출하면 되는데, 이는 귀국 후 30일 이내에 공항 병무 신고소 또는 가까운 지방병무청 민원실에 신고를 하면 된다.

  이 신고 의무를 다른 사람들이 갖지 못한 나만이 선택받은 신성한 의무라고 생각하면 그렇게 불편하거나 귀찮게 느껴지지는 않을 것이다. 국가를 위해 필요한 존재를 재확인하게 되는 병역의 의무, 그것은 의무이기보다 대한민국 사나이들만이 갖는 자랑스러운 특권이다.

몸 괜찮으세요

우리나라 인사말이 점점 변해가고 있다. 예전에는 "밤사이 안녕하셨습니까?", "그간 별고 없으십니까?, "진지 드셨습니까?" 하는 식으로 상대방의 신변 안전이나 생계에 대한 확인 일변도였다.

그러나 요즘은 "안녕하세요?, 반갑습니다", "건강하시지요? 날씬해 지셨습니다.", "좋은 하루, 좋은 아침입니다" 같이 상대방의 기분을 고조시키는 감성적인 내용이나 건강에 대한 관심을 나타내는 인사말이 주를 이루고 있다. 이는 시대의 변화에 따른 생활수준의 향상과 건강에 대한 관심도가 반영되었기 때문이라고 보인다.

아무래도 사람에게 건강의 소중함은 그 어떤 무엇과도 비교될 수 없다. 그러기에 해외여행을 떠나는 여행자의 경우 건강에 스스로 유의하지 않으면 안 된다.

장시간에 걸친 비행으로 인한 여독도 문제이고, 시차 적응에 대한 컨디션 저하와 음식과 물이 잘 맞지 않아 고생을 하거나 맞지 않는 기후나 이질적인 문화 같은 것이 여행자들에게 스트레스가 되기도 한다. 그리고 외국에서 전염병에 감염될지도 모른다는 불안감도 빼놓을 수 없는 것이다.

병은 우리 눈으로 직접 확인되지 않고 그것이 감염되어 몸에 이상 신호가 오지 않는 한 확인이 불가능하다. 그러므로 해외여행을 할 때는 그 지역 풍토병 감염에 유의하고, 식사 전이나 화장실을 다녀온 후 손을 깨끗이 씻고 음식은 충분히 익혀서 먹으며, 끓인 물 또는 안전수를 마시며, 청결을 유지하고 과로를 피한다. 전염병으로 의심될 때는 즉시 진료를 받도록 하며, 입국 시 검역관에게 이를 신고를 하여야 한다.

여행자 검역은 도착지 국가에 따라 검역증명서를 요구하는 경우가 있기 때문에 사전에 국립검역소나 항공사, 여행사 등에 증명서 확인 유무를 문의할 필요가 있다. 황열 예방접종 대상 국가는 앙골라, 카메룬, 가나, 수단 등 주로 아프리카 국가와 볼리비아, 브라질, 콜롬비아, 에콰도르, 페루, 베네수엘라 등도 이에 해당된다.

이들 국가로 가는 경우 출국 10~14일전 검역접종을 받고 접종증명서를 휴대하고 여행하여야 한다. 또한, 콜레라, 조류독감, SAS 같은 무서운 전염병들이 국내외로 유입 전파되는 것을 방지하는 것도 여행자의 또 다른 의무의 하나인 것이다.

마스크를 쓰지 않는 사람들

입에 마스크를 쓰는 일은 침묵을 의미한다. 아무 말도 하지 않고 그저 눈으로 말하고 눈으로만 듣자는 것이다. 말이 소용없으니 귀로 들을 필요도 없고 이제 상대로부터 그 어떤 말의 답변도 불필요하므로 대화 대신 무언의 눈으로 생각을 나누자는 것이다.

이것은 자신의 침묵을 상대에게도 강요하는 것이며 상대는 눈에 보이지 않는 마스크를 억지로 쓰고 있는 듯한 불쾌한 감정을 갖게 된다. 이런 광경쯤은 국회의사당 정문 앞이나 산업 현장에서 마스크를 쓰고 피켓을 든 1인 시위의 모습에서 찾아 볼 수 있다.

그런데 입국장에서 휴대품 검사업무를 담당하는 직원들이 마스크를 쓰고 근무를 하고 있다고 생각해 보자. 입을 가린 그 이유야 어찌 되었건 이 모습을 보는 여행자들은 일단 좋지 않은 느낌을 받게 된다. 중국에서 SAS가 창궐하고 있을 때 나라 안팎이 이에 대비하기 위하여 야단법석이었지만 공항 근무자들은 거의 무방비 상태였다. 중국에서 입국하는 다수의 여행자 중 누가 어떤 경로로 그 병원균을 전염시킬지 모르는 일이지만 그렇다고 특별한 대책이 없이 그저 몸으로 버티는 것 외에는 달리 방도가 없었다.

그러다 유일한 대비책으로 지급이 된 것이 일회용 마스크였다. 마스크라도 쓰면 SAS가 예방이 될 수 있을 것이라는 이해도 되지 않고 감도 잡히지 않는 막연한 대안이었다.

그런데 문제는 SAS예방 차원을 넘어 여행자에게 대한 응대가 문제였다. 우선 마스크를 착용한 것이 검사직원 자신이 문제가 있어서 상대에게 이를 전염시키지 않기 위한 것인지, 아니면 여행자가 문제가 있어 검사자 자신을 보호하기 위한 것인지에 따라 불쾌감은 단순하게 생각될 수 있는 게 아니었다. 전자나 후자의 경우 모두 기분이 좋지 않겠지만 후자의 경우가 여행자에게는 더 기분 나쁠 것이었다.

이런 연유로 검사직원들은 차라리 SAS에 걸릴망정 과감히 마스크를 벗어던지고 침묵보다는 여행자에게 친절을 베푸는 길을 선택하였다. 이런 불안한 상황에도 불구하고 밝은 미소를 보이는 검사직원들의 모습은 참으로 든든한 국민의 공복으로 보일 수밖에 없다.

하지만 어찌 그뿐이겠는가? SAS보다 더 무서운 테러위협이 있을 때에도 오로지 맡은 바 업무 수행을 위해 육탄으로 묵묵히 버티는 그들이 있어 공항은 더 친절하고 더욱 안전한 공항으로 지켜지는 것이 아니겠는가?

자기 가방도 못 찾는 사람

비행기를 타고 해외여행을 하면서 잘 챙겨야 할 한 가지가 있다면 그것은 가방이다. 가방에는 여행 중 필요한 신변용품은 물론 중요한 서류나 여행경비, 선물, 샘플 등을 운반하는 도구이기 때문이다. 여행자들은 대개 빈 몸으로 여행하는 경우는 거의 없으며 누구나 최소한의 짐을 가지고 다니는 것은 여행의 기본이기 때문에 가방을 잘 간수해야 한다는 것은 너무도 기본적인 상식이다.

그러나 본인이 직접 휴대하는 가방은 잘 분실하지 않겠지만 항공사에 위탁하는 경우에는 도착지 공항이나 환승공항 등에서 분실이나 오착하는 일들이 가끔씩 발생하게 된다. 가방이 비행기에 위탁되어 공항에 도착되면 짐은 비행기에서 내려져 컨베이어 벨트를 이용하여 입국검사장 수하물수취대로 이송된다.

First Class 손님의 짐이 먼저 나오고 뒤이어 일반 승객들의 짐이 나오게 되는 데 보통 수하물이 나오는 시간은 비행기 도착 후 10분 정도부터 수취대에 운반되어 여행자들이 찾을 수 있게 된다.

가방은 크기와 형태, 재질 등이 매우 다양하기도 하지만 동일한 제조사의 규격이 같은 제품들도 많아 결코 자기 가방을 찾는 일을 가볍게 생각해서는 안 된다. 샘소나이트, 입센로랑, 샤넬, 루이비통 같은 가방들은 매우 고가이기도 하지만 형태가 비슷하여 반드시 수하물 Tag 번호를 확인하거나 가방을 열어보는 것이 가장 확실한 방법이다.

어떤 때는 여행자가 남의 가방을 자기 가방으로 알고 들고 갔다가 나중에 자기 가방이 아니어서 큰 곤란을 겪게 되기도 한다. 이것은 단순히 한사람의 문제가 아닌 여러 사람에게 불편을 주고 상대방에게 잘못을 사과하는 등의 촌극이 벌어지게 된다. 가방을 잘못 들고 간 사람이나 자기 가방이 나오기를 기다리는 사람 모두 황당하고 화가 나며 어처구니없는 일인 것이다.

이런 문제를 사전에 방지하기 위해 나이가 좀 드신 노인 분들은 자기 가방에 헝겊으로 된 긴 꼬리표를 달기도 하고 명찰을 크게 써서 붙이는 등의 방법을 보면 좀 우스운 생각이 들기도 하지만 가장 확실하게 자기 가방을 챙긴다는 점에서는 그것이 오히려 바람직한 것이다.

어느 정도 시간이 지났음에도 가방이 나오지 않으면 입국장에 나와 있는 항공사 직원에게 이를 확인해 볼 필요가 있다. 별것이 아니라고 생각할지 모르지만 자기 가방을 잘 챙기는 여행자가 수준 높은 여행자가 되는 것이다.

소리 나는 짐

입국하는 여행자의 짐에서 갑자기 소리가 난다. 아름다운 멜로디이지만 자신의 짐에서 소리가 난다는 것은 분명 이해할 수 없는 이상한 일이다. 여행자는 무슨 일인지 몰라 당황하며 어리둥절해진다. 내 짐에서 왜 소리가 나는 걸까? 하는 의심은 누구든지 품게 마련인데 그것은 곧 전자 Tag에서 나는 소리다.

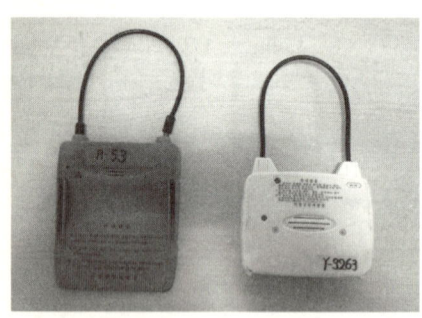

여행자의 짐은 총포류나 도검류 등 위해 물품이나 마약류, 고가의 상용품, 검역대상물품 등이 들어오는 것을 알기 위해 세관에서 X-ray 검색을 실시한다. 이 과정에서 검사를 해야 될 이상물품으로 판독되면 그 짐에 전자 Tag을 부착한다. 전자 Tag은 빨래비누 절반 두께 정도의 노란 플라스틱 케이스에 검은 줄이 달린 기기로서 그것은 세관 통로로 나갈 때 주파수 감지에 의해 소리를 내도록 되어 있다.

여행자가 수취대에서 전자 Tag이 부착된 짐을 찾아 검사지정관이 있는 세관벨트라인 부근에 이르면 전자 Tag에서 갑자기 멜로디가 발생한다. 이 경우 여행자는 당황하지 말고 세관검사를 받아야 한다는 것으로 이해하면 된다.

그런데 어떤 여행자들은 내 짐에 아무것도 없는데 왜 이런 것을 붙이느냐며 화를 내거나 검사에 협조를 잘 하지 않는 사람들도 있다. 이것은 어디까지나 국익을 위해 수행하는 업무이기 때문에 이에 협조하지 않을 경우 공무를 방해하는 것이 된다.

검사를 받는 것을 즐거이 여기는 여행자는 거의 드물다. 그렇지만 공적인 업무 수행과정에서 필요한 검색인 경우 빨리 협조하여 통관절차를 종료하는 것이 가장 바람직한 방법인 것이다. 왜냐하면 여행자 본인이 아무리 화를 내거나 거부를 한다고 하여도 결국 규정에 의한 소정의 검사를 받게 되기 때문이다.

오히려 협조를 하지 않을 경우 검사를 기피할 목적이 있다고 생각되어 더 철저한 정밀검사를 받게 될 수도 있다. 어떤 여행자들은 자신의 짐에 이상한 것이 부착되어 있으므로 전자 Tag를 억지로 제거하려고 줄을 끊으려 하지만 그 줄은 특별한 장비가 없으면 끊을 수 없을 뿐 아니라 설령 그것을 끊었다 하더라도 끊는 즉시 소리가 발생하여 금세 세관 직원에게 노출되고 만다.

여행자들이여!

이젠 소리 나는 짐에 대하여 너무 과민반응을 보이지 말고 떳떳하게 응하여 주자. 그리하면 협조를 하는 만큼 통관시간이 단축되어 본인에게 득이 돌아가는 것은 물론 근무자들의 친절한 서비스도 더 받게 되어 보다 즐거운 여행으로 마무리 할 수 있기 때문이다.

줄을 잘 서는 주한 미국대사

줄을 서는 것은 서구의 개인주의에서 비롯되었다고 한다. 줄서기는 남에게 피해를 주지 않는 가장 민주적이고 평화로운 질서를 위한 하나의 방법이다.

우연과 요행이 통하지 않고 장유유서도 통하지 않으며 따로 예외를 둘 수도 없다. 검사를 받기 위한 줄서기, 아파트 청약 줄서기, 차표예매 줄서기, 권력의 줄서기, 수능 점수에 의한 줄 세우기 등도 아무 이의를 제기할 수 없이 그저 차례를 기다려야 할 뿐이며 우리는 이런 특별한 줄서기에는 어느 정도 단련이 되어 있다.

우리는 초등학교를 입학하면서 줄서기를 배운다. "앞으로 나란히"라는 구령으로 시작되는 앞뒤 줄서기가 있고, 양팔을 벌려 "옆으로 나란히"하는 줄서기를 하기도 한다. 우리는 일찍이 그렇게 배운 줄서기를 점점 나이를 먹어 가면서 점점 위반을 하게 된다. 우리 사회가 너무 경쟁을 조장하는 탓도 없지는 않지만 유달리 우리나라 사람들은 급하고 바쁘며 인내심이 부족하고 빨리하여야 하는 것이 몸에 배어 있다.

예전에는 여행자에 대한 휴대품 검사가 일부 선별검사가 아닌 전량 검사였다. 그래서 휴대품 검사대 앞마다 길게 줄을 서서 차례를 기다리는 여행자에게는 정말 인내심이 필요하였다. 그럴 때 누가 새치기라도 한다면 그것이 통할 리 없고 무조건 순서가 될 때까지 기다리는 수밖에 없었던 때에 특별히 예외를 인정하는 검사대가 하나 있었다.

'D/P Diplomatic 검사대' 인데 이 검사대는 비엔나국제협약에 의거 세계 각국 외교관이 전용으로 사용하는 통로였다. 외교관은 특권이 부여되어 휴대품검사를 받지 않기 때문에 이것은 그들을 위하여 설치된 별도의 검사대였으며 휴대품 검사직원들은 신분만 확인하고 그냥 통과시켰다.

　그 당시 세관검사를 받기위해 줄을 길게 선 여행자 뒤에 어느 낯익은 얼굴이 있었다. 처음에는 세관직원들이 그를 알아보지 못하다가 조금 뒤 직원들에 의해 신분이 확인되었는데, 그는 널리 알려진 주한미국 대사였다. 당연히 D/P검사대로 그냥 통과하기만 하면 되는 데 끝까지 줄을 고집하면서 검사순서를 기다렸다가 검사를 받고 나갔다.
　대사의 말인 즉 "사적인 용무로 갔다 오는 길이므로 나는 일반검사대로 가야한다"는 그분의 줄서기는 두고두고 우리들의 뇌리 속에 긴 줄로 남아 오늘날 까지 존경하는 사람 중의 한사람으로 각인되어 있다.

정직한 신고

입국하는 여행자들은 자진신고라는 개념을 잘 이해하면 별다른 문제가 없다. 자신이 자진신고 대상에 해당되느냐 아니냐는 점만 잘 따져보면 되는 데 그것은 비행기 기내에 비치된 여행자 휴대품신고서 내용을 읽고 자진신고 검사대로 갈 것이지 아니면 면세통로로 나갈 것인지를 결정하면 된다. 제한하고 있는 특별한 물품이 없고 해외에서 취득한 물품의 총 금액이 미화 400불 이하로서 여행자 휴대품으로 적합한 물품이면 면세통로로 나가면 된다.

그렇지만 어떤 여행자들은 문제가 발생되면 몰랐다고 주장하는데 입국을 하면서 여행자로서 신고의 의무가 있기 때문에 그것은 무조건 몰랐다는 것만 가지고는 통하지 않는다. 휴대품신고서를 한번만이라도 읽어보면 문제가 없을 것이지만 그것을 읽어보지 않았기 때문에 발생하는 문제가 대부분이다.

예를 들면 출발지 호텔에서 먹다 남은 과일을 가지고 온다든지, 아니면 아는 분이 선물을 준 것을 가지고 오거나 출발지 면세점에서 구입한 물품을 가지고 올 때 그것으로 인해 문제가 생기게 되면 "호텔에서 먹으라고 준 것인데 그것이 왜 검역대상이냐? 그것은 호텔 책임이다"라고

하고, "선물 받은 것도 신고 대상이냐?"고 따지기도 하며, "면세점에서 면세가 된다고 하여 샀기 때문에 내 잘못이 아니다"

는 식으로 주장을 하지만 그것은 곧 자신의 무식의 소치를 드러내는 것이다.

외국인들은 우리나라를 입국할 때 대부분 정직하게 신고를 한다. 어떤 여행자는 골프가방을 들고 와서 신고를 하는 경우가 있다. 그 여행자가 신고하는 내용은 자신의 골프채에 흙이 묻어 있고 골프화에도 흙이 조금 묻어 있기 때문에 이것이 검역대상이므로 신고를 한다는 것이다.

검역소 직원들은 이런 여행자의 신고에 대하여 이것은 신고대상이 아니라고 답변하지 못한다. 왜냐하면 여행자의 말이 분명히 맞기 때문이다. 그러나 일일이 그렇게 따질 경우에는 입국하는 모든 여행자들의 신발과 짐 속에 묻어 있을지도 모를 흙에 대하여도 전량 검역을 해야 하는 것으로 그것은 보통 일이 아닌 것이다.

이처럼 정직하게 신고를 하는 여행자들이 있어 우리 공항은 더욱 질서 있고 신선한 기운이 감돈다. 신고서를 잘 읽고 정확하게 규정대로 신고를 하는 여행자와 일부이기는 하지만 전혀 몰랐다고 주장하는 여행자와 비교를 해보면 아직 우리 여행자들이 외국인 여행자들에게 많이 배워야 할 것으로 보인다.

정직이란 국내에서만 통하는 것이 아니라 세계적으로 통하는 아름다운 덕목이다. 선진국 여행자들이 젠틀맨으로 불리는 것은 그만큼 정직이 몸에 배어 있고 그것을 삶의 가장 큰 자산으로 생각하고 있기 때문이다. 곧 정직한 신고는 우리 자신들을 신사로 만들고 신사로 대우받게 한다는 것을 알아야 할 것이다.

자진신고를 하면 특혜가 있다

무슨 일이건 자진해서 일을 하면 즐겁다. 그러나 마지못해 일을 하게 되면 짜증스럽고 더 힘이 든다. 하지만 내국인 여행자들은 자진신고를 하는 데는 다소 인색한 측면이 있어 그것이 결국 여행자 자신에게 손해가 되는 경우들이 많다.

입국 검사장에는 '면세'라는 것을 초록 색깔로 표시한 간판이 있고, '자진신고'는 적색으로 표시를 하고 있다. 이것은 여행자들에게 주의를 환기시키기 위해 구분하여 색깔을 정한 것에 불과한 것이지만 여행자들은 거의 초록 색깔로 표시된 면세통로를 선택하고 있다. 도로의 신호등으로 따지면 초록색깔은 진행신호이고 적색은 정지신호에 해당하지만 휴대품 검사 시 자진신고는 신호등 정지에 해당하는 적색의 의미와는 좀 다르다.

자진신고를 한 여행자가 제시한 영수증의 가격은 특별한 사정이 없는 한 물품가격으로 인정하여 처리를 하고, 또한 검사 실시에 있어서도 성실한 여행자로 인정되어 간단한 검사를 하는 등 일반 여행자들에 비하여 불이익을 당하는 것이 아니라 오히려 혜택을 받게 된다.

반면 자진신고 대상자가 제대로 신고를 하지 않고 면세통로를 이용하다가 세관 검사를 받게 되는 경우 불성실한 여행자로 간주되어 정밀검사를 받게 되며 여행자가 제시한 가격의 영수증도 의심을 받게 된다. 그리고 일반 세금 외에 추가로 30%의 가산세를 물게 되어 생각보다 훨씬 불이익을 당하게 된다.

자진신고 불이행으로 가산세를 물게 되는 여행자가 규정을 잘 몰랐다고 주장하여도 신고 불이행에 대한 제재를 피하기는 어렵다. 적어도 해외여행 시 물품을 구입하면서 어느 정도 금액까지 면세가 된다는 것쯤은 누구나 다 알고 있기 때문이다.

그리고 금액을 낮추기 위하여 영수증을 조작하거나 없애는 경우에도 요즘은 인터넷의 발달로 물품의 가격조회가 외국 본사 가격까지 쉽게 조회가 가능하므로 섣부른 속임수는 통하지 않는다.

우리나라 여행자 휴대품 통관제도는 자진신고 여행자에 대하여 특혜를 주고 있으나 일부 여행자들은 자진신고를 하면 오히려 손해를 본다는 의식을 가지고 있다. 이제 그런 생각을 깨끗이 버리고 내가 법을 잘 지키면 내가 그 법에 의하여 혜택을 받게 된다는 것을 알고 우리 스스로 규정을 잘 준수하여 우리나라 통관제도를 더욱 선진국형으로 발전시켜 나가야 할 것이다.

좃 또 마떼

일본말을 전혀 하지 못하는 한 직원이 있었다. 그는 매우 불쾌한 얼굴로 휴대품검사를 하고 있었는데 이마에는 굵은 핏줄이 도드라져 있었다. 여권을 받아 쥔 그는 신원조회를 끝내고 검사를 하면서 평소 웃음 띤 명랑한 표정이 아닌 알사탕 두어 개 정도 입에 물고 있는 듯한 모습이었다. 그 직원이 휴대품 검사를 하면서 그런 표정을 지어서인지 여행자는 매우 애매한 표정으로 검사대 앞에 서서 불안해하는 것이 역력했다.

잠시 후 휴대품 검사가 끝나 여행자가 검사대를 떠나고 조금 시간이 흘렀다. 그러나 그의 표정은 변함없이 일그러져 있었다. 왜 그런지 그 이유를 알 수 없었지만 무엇인가 단단히 화가 난 것임에는 틀림이 없었다. 그 비행기 편 여행자들의 검사를 마치고 난 후 그가 조심스레 입을 열었다.

"아까 일본인 여행자가 내게 욕을 했는데 지금까지 속상해 죽겠습니다." "왜 무슨 욕을 먹을 일이라도 했나요?" "아니, 전혀 없었습니다. 그런데 일본인 여행자가 내가 여권을 달라고 하니까 날보고 여지없이 던지는 말이 뭔지 아세요? 좃또마떼라고 대뜸 욕을 하는 겁니다"

그는 일본인 여행자의 "좃또마떼"라는 말에 기분을 잡쳤다는 것이다. 그것은 기분을 잡칠 일이 전혀 아니지 않는가? "조금 기다려 달라"는 일본말일 뿐 아무런 욕이 아닌데 그것을 욕으로 알아듣고 그렇게 화가 난 것이다.

"아까 그 여행자가 좃또마떼 다음에 또 뭐라고 말했나요?" "아니, 다른 말은 없었지만 그 말보다 더 심한 욕이 어디 있습니까?, 나도 그냥 욕을 같이 해 주려다 억지로 꾹 참았습니다."

이런 웃지 못 할 일이 벌어진 것은 서로 말이 통하지 않았기 때문이다. 일본인 여행자는 지극히 정상적인 언행으로 여권을 꺼내면서 "잠시 기다려 달라"고 한 것이었는데 검사직원은 그것을 우리나라에서 욕설로 사용하고 있는 "X할X또"같은 욕이라고 단단히 오해를 한 것이었다.

그에게 사실 이야기를 들려주자 얼굴이 붉어져 고개를 떨구고 "빨리 저도 일본어 공부를 해야겠습니다"라고 작은 목소리로 대답하던 그가 지금은 일본어를 아주 유창하게 잘하는 실력을 갖추게 되었다. 이제 일본어를 잘 배우려면 좃또마떼부터 제대로 알고 시작하는 것이 좋을 듯싶다.

컴퓨터는 괜찮습니까

　　세상은 초고속으로 변하고 있다. 흐르는 물처럼 언제나 새로운 느낌과 새로운 모습으로 우리들을 일깨우고 있다. 그 변화는 워낙 급속한 것이어서 어느 것이 최첨단이라고 말할 수 없는 시대에 우리가 살고 있다. 문자 등장과 종이 발명이 이 세상을 가장 크게 변화시킨 것이라고 한다면 그 다음은 컴퓨터의 등장이라고 할 수 있다.

　요즈음 컴퓨터는 휴대폰과 복합되어 컴퓨터인지 휴대폰인지 분간이 잘 되지 않고 있으며 노트북은 생활필수품이 되어가고 있다. 그래서인지 요즘 여행자들은 해외여행 시에도 노트북과 메모리칩을 가지고 다니며 컴퓨터와의 인연을 계속 이어가고 있다.

　PC방이 줄지어 들어서고 인터넷 보급률이 세계 선두권이며 네티즌이 이 시대의 여론을 주도해 가는 나라에 사는 우리들은 이제 컴퓨터와 떨어질래야 떨어질 수 없는 삶을 살아가고 있다.

공항에 가면 중앙 밀레니엄홀 2층에 여러 대의 PC가 설치되어 있다. 이곳은 한국통신에서 고객 서비스 차원에서 PC를 설치해 놓고 여행자들이 무료로 사용하도록 하고 있다. 물론 혼자 장시간 독점할 수 없으나 30분 정도까지는 사용할 수 있도록 배려를 해 주고 있다.

이곳은 내외국인 구분할 것 없이 항상 많은 여행자들로 북적인다. 시시각각으로 변하는 뉴스나 정보의 수집은 물론 전 세계 어디에 있는 누구에게나 신속하고 손쉽게 메일을 보낼 수 있으니 얼마나 편리한 세상인가?

예전에는 여행자들이 휴대하고 다니는 노트북에 대하여 검사를 철저히 하던 때가 있었다. 하기야 그때는 노트북 한대의 가격도 비쌀 뿐 아니라 국내에서 생산되는 노트북이 외국제품을 따라가지 못할 때였기 때문에 더러 외국에서 노트북을 사가지고 오기도 했기 때문이었다. 그 후 우리나라 노트북이 세계 수준을 추월하자 그런 현상은 사라지고 지금은 노트북 정도는 관심도 갖지 않는 대상이 되어버렸다.

요즘 여행자들이 노트북을 가지고 입국을 할 때 X-ray검색을 받게 될 때가 있다. 이때 어떤 여행자들은 노트북에 들어있는 자료가 손상될까 두려움을 갖지만 X선은 컴퓨터나 카메라 필름 등을 손상시키지 않으므로 걱정을 할 필요가 없고 다만 컴퓨터 안에 들어있는 비싼 소프트웨어를 대금을 지불하고 들여오는 것이라면 그것이 문제가 될 수 있다.

소프트웨어의 경우 컴퓨터에 내장되어 있거나 한 장의 CD 같은 것에 저장되어 오기 때문에 여행자가 직접 신고하지 않으면 그것을 찾아내기가 어렵다. 그렇지만 엄연히 외국회사에 많은 대금이 지불되는 것이어서 정식으로 세관에 신고를 한 후 통관 절차를 밟아두지 않으면 나중에 외국환관리법이나 세금 포탈 등의 문제가 발생하게 될 수 있다는 점을 알아두어야 할 것이다.

한국인은 한국인을 홀대하지 않는다

간혹 입국 여행자들 중에는 휴대품검사를 받으면서 흥분하는 사람들이 있다. 그들은 왜 우리나라에서는 자국민에 대하여 대우를 잘 해주지 않고 오히려 홀대를 하느냐고 말하고 있다. 일본이나 미국 같은 나라에 가보면 자국민은 특별 예우하고 우리나라 사람들에 대해서는 홀대하는데 우리나라는 어찌된 판인지 반대가 되어 외국인에게는 환대를 하고 자국민에 대해서는 이렇게 핍박을 하느냐고 따진다.

미국은 9.11테러 이후 보안검색을 더욱 강화하고 있을 뿐 아니라 자국민이 아닌 유색인종들에 대한 차별이 없다고 보기 어렵고, 일본의 경우는 자기네들이 가까운 이웃이라고 말하면서도 일제 36년간 지배를 해온 탓에 우리 민족을 한 단계 아래로 낮추어 보는 경향이 남아 있기 때문에 우리가 그들 나라를 입국하는 경우 홀대한다는 것을 피부로 느낄 수 있다.

그리고 단순히 이러한 이유뿐 아니라 미국이나 일본에 불법 취업하려는 사람들이 아직도 다수 발생되고 있어 그들에게 우리나라 사람들의 위상이 결코 높다고만 볼 수 없는 것도 한몫을 하고 있다.

예를 들어 우리나라에 불법 취업하기 위해 수단과 방법을 가리지 않는 동남아 권역의 여행자들이 우리나라에 입국 시 많은 불편을 겪고 있는 것을 볼 수 있다. 반면 미국이나 일본 등 선진국가 여행자들은 이러한 불편을 거의 겪지 않고 있는 데 그것은 그 나라의 국력과 준법정신이 그들을 더 자유롭고 편하게 만들어 주고 있다.

그러므로 국력은 국제사회에서 매우 중요한 것이다. 부강한 국가 국민은 환대 받고 가난한 국가 국민은 홀대 받게 된다는 것은 누구도 부정할 수 없는 게 현실이다. 우리나라도 OECD 가입국이고, 올림픽과 월드컵을 성공적으로 개최한 국가로서 머지않아 국민소득 2만 불이 달성되는 그쯤에는 지금보다 훨씬 나은 국제적인 대우를 받게 될 것이다.

그리고 우리나라 여행자들이 입국 시 해외에서 취득한 물품 가격이 400불이 넘는 경우 자진신고를 하도록 규정하고 있으나 이를 잘 지키지 않고 있고, 내국인 유치비율이 80%정도가 넘어 아직은 내국인 검사비율을 낮추기는 어렵다. 유치비율이 높은 내국인을 더 검사를 하게 되는 것은 휴대품 검사의 실익에 따른 것이며 결코 우리나라 사람들을 홀대하는 것이 아님을 이해해 주어야 할 것이다.

내 주머니 돈도 신고해야 하는 공항

자본주의 사회에서 가장 중요한 것 하나만 꼽으라고 한다면 돈일 것이다. 돈이면 거의 모든 게 해결되는 세상, 돈의 위력은 핵폭탄의 위력보다 강하면 강하지 약하다고 할 수 없다. 핵폭탄도 돈만 많으면 살 수 있는 세상이니 말이다. 이 세계는 돈이 많은 경제대국들의 힘에 의해 움직이고 있으며 돈이 없는 나라들은 구걸하듯 굴종 외교를 펼칠 수밖에 없다.

이렇게 위력 있는 돈을 소지하고 해외여행을 떠나거나 우리나라에 입국을 할 때 여행자가 휴대한 돈이 미화 1만불 상당 이상이 되면 반드시 세관에 신고를 하여야 한다. 신고하지 않으면 외환관리법에 의해 벌금 등의 처벌을 받게 된다.

아니 내 돈을 내 맘대로 가지고 다니는데 누가 왜 시비를 거느냐고 반문할지 모르지만 그것은 그렇지가 않다. 외국환신고제도가 있어야만 국부의 관리와 유출을 방지할 수 있기 때문이다. 자기 돈이라고 하여 자기 맘대로 사용은 할 수 있지만 돈이 국경을 넘어 남의 나라로 갈 때 그것이 아무 통제 없이 마음대로 반·출입될 수 있다면 국가의 부는 통제 불능 상태가 되거나 바닥이 나도 모를 것이다.

우리나라로 입국하면서 외화신고를 하는 사람들은 주로 일본인 여행자들이다. 이들은 보통 몇 백만 엔에서 몇 천만 엔의 많은 돈을 반입하며 용도는 주로 카지노 자금인 것이다. 이들은 따지고 보면 우리들이 귀빈대우를 해 주어야 할 대상이다. 카지노에서 돈을 따는 일보다 잃는 일이 많기 때문에 그만큼 우리에게는 득이 되는 셈이다.

돈을 한 가방씩 가지고 입국하는 일본인 카지노 관광 여행자들을 보면서 외화신고를 받는 세관직원들은 그들에게 "돈 많이 따세요"라고 인사를 하기도 한다. 그러면 그들은 너무 고마워서 "감사합니다"를 연발하며 싱글벙글 웃는 표정을 짓는다. 누구든 자기가 하는 일에 성공을 기원한다는 인사를 하면 고맙다고 말하지 않을 사람이 없을 것이다.

이제 내 주머니에 들어있는 돈이지만 1만 불이 넘으면 반드시 신고를 하도록 하자. 그래야만 다음에 그 돈을 자유롭게 다시 가지고 나가거나 가지고 들어올 수 있으며 법에 의한 처벌도 받지 않기 때문이다. 돈을 신고하지 않아 전과자가 되고 그 돈으로 벌금을 내야한다면 차라리 돈이 없는 게 불행해지지 않는 하나의 방법이 될 것이다.

어떤 여행자들은 돈을 짐 속이나 몸속에 숨겨서 몰래 밀반출하려고 한다. 그러나 출국을 할 때 전문 보안검색요원들이 여행자의 신변 검색뿐만 아니라 짐에 대해서도 철저히 X-ray 검색을 하기 때문에 돈을 숨겨서 반출을 한다는 것은 무모하고 어리석은 일이 되고 만다.

가방만 봐도 출발지가 보인다

입국여행자의 짐을 보면 여행자가 어디에서 출발했는지 대충 알 수 있다. 이 말은 곧 여행자의 가방을 직접 열어보지 않고도 출발지를 안다는 것이다.

일본에서 입국하는 여행자들의 짐은 작은 가방이 많고 비닐쇼핑백에는 책처럼 예쁘게 포장한 선물용 과자들이 많이 보이며 대체로 짐이 적은 편이다.

반면 미국에서 입국하는 여행자들의 짐은 일명 돼지가방이라고 불리는 혼자 움직이기 어려울 정도로 큰 가방이 많이 보인다. 가방에는 주로 비타민, 화장품, 육포, 치즈, 청바지 등의 잡품을 반입하는 경우가 많다. 아무래도 미국은 우리나라보다 상품이 풍부하고 우리나라

사람들이 미국산 제품을 선호한다는 의식이 아직도 남아 있어 이것저것 선물을 많이 가져오는 경향이 있다.

그러므로 미주에서 들어오는 짐은 여행자의 얼굴이 잘 보이지 않을 정도로 카트 위로 짐이 올라오는 편이며, 반대로 일본에서 들어오는 짐은 간단하여 기탁수하물로 부치지 않고 대개 여행자가 직접 휴대 hand carry 하여 들어오는 경우가 많다.

이런 이유로 미국에서 입국하는 여행자는 검사를 받게 될 확률이 높아지며, 일본에서 입국하는 여행자는 상대적으로 검사를 받을 확률

이 낮아진다고 볼 수 있다.

　미국, 일본 등지에 사는 해외 교포들은 모국을 오랜만에 방문을 하기 때문에 아무래도 짐이 커진다. 친척이나 친구들에게 나눠줄 선물을 챙기다보면 그럴 수밖에 없음은 이해가 되지만 한편으로 생활수준이 예전과 달라 여행자가 가져오는 외제 선물은 우리나라 사람들에게 잘 먹히지 않는다.

　선물을 주는 이는 선물을 받는 이의 만족한 표정을 기대하지만 선물을 받는 이가 별것 아니라는 심드렁한 표정을 짓는다면 얼마나 섭섭할 것인가? 더욱이 따로 비싼 항공 운임까지 지불해가며 힘들게 가지고 온 선물임을 감안한다면 감사히 받아주는 것이 예의일지 모른다.

　그러나 이제 우리 여행자들의 짐도 신사들의 짐처럼 크기를 좀 줄여야만 한다. 외국인들의 짐보다 우리나라 여행자의 짐이 훨씬 크다는 것은 그만큼 불필요한 짐들이 많고 이로 인해 운임지불과 휴대품 검사나 운반 등으로 인한 불편 등이 뒤따르기 때문이다.

내가 누군지 아느냐

세상에는 자기를 우대해 줘서 싫다고 하는 사람은 아무도 없을 것이다. 공항에는 어느 정도 권력과 경제적 수준이 있는 사람들이 해외로 출장이나 여행을 오가며 나름대로 기본적인 예우를 받기를 원하고 있다. 그것은 필요 이상의 특별한 환대를 원하기보다 상대적으로 불이익을 당하지 않으면 된다는 정도로 이해를 할 수 있을 것 같다.

그런데 그 상대적이라는 말은 개인적인 관점에서 보면 이해가 쉽지 않다. 자신의 관점에서만 보면 생각이 왜곡되기 쉬워 어쩌면 평등이란 존재하기가 불가능한 것이다.

왜 저 사람에게만 친절하며, 왜 저 사람은 검사를 하지 않고, 왜 저 사람의 짐만 들어주며, 왜 저 사람에게만 좋은 자리를 주는가? 이런 식으로 따져 나가면 어느새 자신은 불이익을 받고 있는 한사람의 여행자가 되고 만다. 상대방에 대한 이해나 배려보다는 불평과 불만이 더

커져 이미 자신의 주관적인 생각은 불평등한 대우를 받고 있는 것으로 생각하기 때문이다.

하지만 그 내면을 들어가면 그렇게 불이익을 주지도 불이익을 받지도 않고 있다. 공적으로 일하는 사람들이 그렇게 다수의 여행자 개개인들에 대하여 일일이 차별을 하는 것이 아니라 여행자 스스로 그렇게 느끼는 것일 뿐이다. 그러므로 평등은 법에 의한 법률관계에서 이루어지는 것이기 보다 스스로의 마음속에서 쉽게 찾을 수 있다.

그러나 어떤 사람들은 자기 직위나 신분 등을 이용하여 그런 평등을 깨뜨리려는 사람들도 없지는 않다. 말하자면 "내가 누구인지 아느냐? 감히 너희들이 나를 이런 식으로 대해도 되느냐?"며 고압적이고 목소리 크신 분들도 있다.

이름을 대면 다 알만하고 지체 높으신 그 사람들에게 누가 후환을 무릅쓰고 그 사람들의 심기를 건드리며 왜 불친절을 자행하겠는가? 그것은 그분 스스로가 느낀 왜곡된 감정일 뿐이며 자신의 직위나 신분 등을 이용하여 스스로 특별한 예우받기를 원하기 때문이다. 우리는 그런 광경을 접하게 될 때마다 그런 분들의 인격이 오히려 더 낮게 보이고 존경심이 사라지며 생각보다 큰 실망을 하게 된다.

배아줄기세포 연구로 세계적인 인물이 되신 황박사님은 얼마 전 일본 하네다에서 입국을 하면서 근무를 하고 있는 직원들에게 밝고 미소 띤 얼굴로 먼저 인사를 하셨다. 그분의 미소 속에는 배아줄기세포 외에 더 빛나는 친절세포 하나가 더 있다는 것을 보고 그분의 훌륭한 인격에 우리들은 다시금 고개를 숙이지 않을 수 없었다.

골프채 가진 사람은 이리 오세요

골프채는 아직 우리 사회에서는 부의 상징처럼 느껴진다. 그래도 그동안 골프장이 많이 생겼고 특별소비세 인하로 인해 골프채 가격도 상당히 내렸다.

그렇지만 소시민들이 필드에 나가기란 비용도 부담스럽고 설사 비용적인 부분이 감당된다고 하더라도 부킹을 하기가 여간 어렵지 않다. 골프가 서서히 대중적인 운동으로 자리를 잡아가고 있지만 아직도 당분간은 보통 사람들의 주목을 받는 운동으로 남을 성싶다.

국내에서 골프 부킹이 어렵고 비용 또한 만만치 않아 값이 싼 외국으로 나가 골프를 즐기고 돌아오는 골프투어 상품이 출시 된지도 꽤나 되었다. 골프투어 성수기 무렵에는 의례적으로 골프 관광객들의 명단을 파악하여 국세청에 통보하겠다는 발표도 있지만 여행자들의 골프채 반출입량은 그다지 줄어들지 않고 있다. 보신관광이나 싹쓸이

쇼핑관광에 비하면 사실 골프관광은 건전한 여행상품의 하나로 손꼽을 수 있다.

골프채를 가진 여행자들은 출국할 때 골프채에 대하여 별도로 세관에 신고하여 휴대반출물품신고서를 받아 두어야 한다. 그것은 입국할 때 그 골프채가 본인이 출국 시 가지고 나간 물품이라는 증명서인 것이다. 그 신고서가 있으면 세관 검사에서 별다른 문제가 없지만 그렇지 않을 경우에는 신품이나 중고를 사가지고 온 것으로 인정되며, 어떤 경우에는 여행자가 그것을 입증하지 못해 세금을 물게 되는 경우도 발생한다.

여행자들이 입국할 때 골프채를 가지고 오는 경우 거의 검사대상자로 지정 된다. 왜냐하면 골프채는 골프백 안에 들어 있어 규격이나 브랜드, 수량, 신품이나 중고 여부 등을 쉽게 확인할 수 없기 때문에 휴대품 검사대에 가서 확인을 받고 나가라는 뜻이다.

이런 이유로 휴대품 검사를 받게 되면 어떤 여행자들은 자기들만 불이익을 당하고 있다며 강력히 항의를 하기도 한다. 하지만 골프채 드라이버 1개가 몇 백만 원이 되는 스타급 골프채도 있고, 또한 골프 Set가 대부분 백만 원대 이상이 많기 때문에 어쩔 수 없이 골프채를 가진 사람들에 대하여 검사를 하게 되는 것이다.

골프채는 숨길 수도 없고 접을 수도 없어 가지고 오는 것이 금방 눈에 띤다. 그래도 골프채를 가지고 오가는 여행자들은 일반 여행자들과는 달리 좀 여유가 있는 사람들이므로 다른 물품을 사가지고 올 가능성도 있다고 보아진다. 이런 이유로 검사를 받게 되는 것에 대해서는 상류층 사람들에 대한 특별한 배려로 생각하면 더 좋을 것 같다.

전기 통하는 사이

겨울철이면 소리 없이 찾아오는 정전기로 인해 깜짝깜짝 놀랄 때가 많다. 정전기는 겨울철 옷을 입거나 벗다 보면 탁탁 불꽃이 일며 몸이 따끔거리고 머리카락이 거꾸로 서는 것을 경험하게 된다. 이런 정전기 발생을 사전에 몸으로 잘 감지하지 못하고 휴대품 검사를 하다보면 자신도 모르게 찌릿한 전기가 통해서 갑자기 어리둥절해지는 경우가 있다.

구분하기가 어렵겠지만 몸이 건조해 보이고 화학섬유의 옷을 입은 여성 여행자가 휴대품 검사를 받고자 할 때는 정전기 발생에 조심해야 한다. 여행자가 검사를 받기 전 여권 제시를 할 때 그 손이 서로 닿는 순간 몸속에 남아있던 정전기가 일시에 불꽃을 일으키며 전기가 통하기 때문이다.

순간적으로 흐르는 전기가 쇼크를 일으킬 정도는 아니지만 한번 잘 생각해 보라. 서로 전기가 통한다는 것은 단순히 과학적인 정전기의 불꽃이 발생하였기 때문이 아니라 이것은 인간적인 마음의 불꽃이 발생하여 서로 무엇인가 통했다는 의미도 될 수 있기 때문이다.

말없는 가운데 서로 얼굴이 붉어져 "우리 전기 통했네요? 괜찮으세요?"라고 물었을 때 여성 여행자는 얼굴을 붉히며 "네, 전기가 통했네요."라고 대답을 할 수 밖에 없는 일이다.

따지고 보면 이성적인 마음과는 거리가 먼 일이지만 이것이 왜 이성과 관련이 있다고 생각되는 것인가? 그것은 우리들이 일상적으로 사용하고 있는 언어의 양면성 때문이다. 전기라는 뜻을 액면 그대로 생각하느냐 아니면 달리 해석하여 서로 마음이 맞았다는 것으로 생각하느냐는 차이에서 오는 것이다.

여행자휴대품 검사를 하면서 여행자의 옷이 화학섬유인지? 몸이 건조한지? 많이 움직여서 옷의 마찰이 많았는지 등을 생각하여 미리 정전기에 대처할 수는 없는 일이다.

  이런 일이 빈번히 발생되는 것이 아니기 때문에 검사를 받기 위해서 오는 여행자나 검사를 실시하는 검사자 간에 예고 없이 발생하는 정전기는 우리들을 더 풋풋한 웃음으로 만나게 해주는 활력소가 되며, 한편으로는 딱딱한 근무 분위기를 보다 더 부드럽고 정감 있게 만들어 주는 것이다.

그것은 보이지 않습니다

소지품이 든 가방을 남에게 보여준다는 것은 자신의 비밀의 일부를 드러내는 것 같아 기분이 좋지는 않다. 검색을 당한다는 입장에 서면 누구나 약간의 불만과 반감을 가지게 되는 것은 당연한 것인지도 모른다. 자신은 규정을 위반하거나 특별한 문제가 없는데도 불구하고 가방을 좀 보여 달라고 하면 일단 자신이 의심을 받는 대상이라는 점만으로도 기분이 상할 수밖에 없다.

그렇지만 긍정적으로 생각하면 기분은 달라진다. 업무 수행 과정에서 자신이 검사대상자로 지정되었을 뿐 지금 특별히 무엇을 잘못한 것이 아니기 때문에 빨리 검사에 협조를 해주면 되는 것이다.

대형 밀수 사건이 언론에 보도가 되면 대부분의 국민들은 관계기관에서는 도대체 무엇을 했느냐고 힐책을 한다. 이 경우 여행자들에 대한 검사의 필요성은 강조되지만 여행자들은 검사를 받기보다 검사생략을 원하고 있어 서로 상충될 수밖에 없는 문제점이 발생되는 만큼 여행자들은 이러한 사정을 감안하여 휴대품 검사 요구에 대하여는 신속하고 흔쾌하게 협조를 해 주는 것이 서로를 위해 현명한 것이다.

가방을 열어 내용물을 보면 여행자의 직업이나 신분, 연령, 건강, 여행목적 등과 같은 것을 대충 짐작할 수 있다. 어떤 경우 검사 중에 개인적인 프라이버시에 해당되는 물품이 보이면 검사직원들은 본의 아니게 민망해지거나 곤란을 겪기도 한다. 그러므로 이러한 문제점을 해소하기 위해 가능한 직접검사보다는 X-ray검색기를 이용하여 간접검사를 실시하고 있다.

그리고 정보 분석에 의해 전수검사로 선별된 비행기에 대하여는 탑승 여행자 전원에 대해 정밀검사를 실시하기도 하는데, 이 경우 여행자가 휴대 Hand carry 하는 물품도 예외 없이 X-ray검색을 실시하게 된다.

어느 날 중년 여성 여행자 한사람이 전수검사를 하는 X-ray검색기 앞에서 얼굴을 붉힌 채 자신의 짐을 검색기에 넣지 않았으면 좋겠다고 했다. 예외를 두지 않는 이 검색에서 검사를 받지 않겠다는 것은 더 의문이 들게 되었다. "왜 그러느냐?"고 물었을 때 더욱 얼굴이 붉어지며 "제발 검사를 하지 말아 달라"는 간청이었다. 이에 검사직원은 필시 이 여행자가 무엇인가 문제가 있는 것으로 단정 짓고 이를 안 된다고 단호하게 거절했다.

그러나 이유를 확인한 결과 그 여행자가 문제가 있는 우범자가 아니라 자기 가방 안에 때 묻은 옷들이 많아 그것이 X-ray검색으로 나타나는 게 부끄러워 검사를 생략해 달라는 것이었다.

X-ray검색기로는 때 묻은 상태가 보이지 않는다고 하자 여행자의 얼굴이 환해져 오는 것을 보면서 그 여행자의 때 묻지 않은 마음이 검사직원들은 하루 종일 즐겁게 만들어 주었다.

왜 나만 검사를 하나요

"왜 나만 검사를 합니까? 이거 봐요. 눈이 있으면 똑바로 일해요. 내가 밀수꾼이요?" 라는 등의 말은 하루에도 몇 번씩 여행자들의 입에서 거침없이 나오는 말들이다. 한마디로 자신은 휴대품 검사를 받을 만한 이유가 하나도 없는 데 왜 쓸데없이 검사를 하느냐는 것이다.

세관에서는 입국여행자들에게 보다 친절하고 신속한 통관 서비스를 제공하기 위하여 선별검사를 실시하고 있다. 선별 방법으로는 여행자 휴대품이 과학검색장비에 의한 검색 결과 검사대상 물품으로 판독된 경우나 관세사범 전과사실 등이 있는 우범여행자 또는 출입국횟수와 유치횟수 등이 많은 여행자, 또는 면세점에서 고액물품을 구매하는 등의 사실이 있는 경우 검사대상자로 지정될 가능성이 많다.

그리고 여행자의 행동이나 태도를 감시하는 직원들이 검사를 요청하거나 세관통로에 서 있는 검사지정관이 무작위 또는 검사를 할 필요가 있다고 인정되는 경우 등은 휴대품 검사를 받게 된다.

그러므로 검사대상자로 지정된 것이 반드시 우범자이기 때문만은 아닌 것이다. 그것은 음주단속의 예를 들어 생각하면 쉽게 이해가 될 수 있다.

경찰 음주 단속 시 자신은 분명히 술을 마시지 않았는데 경찰관이 도로를 막고 일일이 전체 차량을 단속하면 길이 막히고 시간이 지연되어 짜증이 난다. 이럴 때 경찰관이 운전자의 행동이나 태도 등을 보고 음주 가능성을 판단하여 전체 차량 중에서 5%정도만 선별적으로 단속한다면 교통이 별로 정체되지도 않고 음주 단속을 효율적으로 수행하게 되는 것이다. 이처럼 휴대품 검사가 지정되는 것을 선별적인 음주단속과 같은 맥락에서 생각을 한다면 검사를 받는 것이 그렇게 불쾌하지는 않을 것이다.

휴대품 검사제도에서 거의 모든 여행자들이 전수검사가 아닌 선별검사를 원하게 될 것이다. 지금 실시하고 있는 선별검사제도는 다수의 선량한 여행자를 위해 극히 일부의 여행자만 검사를 실시하는 선진제도라는 점을 이해하면 된다.

검사를 받는 여행자가 전부 우범여행자는 아니므로 우리는 서로를 위해 조금씩 불편을 나눈다면 그것이 우리에게 더 편리함으로 돌아오게 되는 것이다.

빈 케이스를 가지고 오면 검사를 받는다

입국여행자들이 반입하는 짐의 대부분은 과학 검색장비에 의한 검색을 한다. 이 검색은 짐을 비행기에서 내려 컨베이어를 이용하여 수취대로 운송하는 과정의 중간지점 쯤에서 X-ray검색기에 의한 검색을 실시한다.

X-ray 판독 전문요원들은 일반인들의 상상을 훨씬 뛰어 넘는 고도의 판독 능력을 갖고 있다. 검색기로 입체 판독을 통하여 가방 속에 깊이 은닉한 물품이나 분해한 물품 등도 잘 찾아낸다. 짐 속에 들어있는 총 같은 경우에는 방아쇠나 총열, 총구의 형태에 포인트를 잡아 찾아내고, 실탄의 경우에는 끝이 뾰족하다는 점에 착안하여 그것을 찾아낸다.

그리고 밍크코트를 압착하여 아무리 뭉친 수건처럼 만들어 오더라도 단추를 보고 찾아내고, 명품 시계나 가방 같은 것들은 제품의 브랜드까지 읽어 내는가 하면, 고급 양주의 경우 병의 형태를 보고 제조사와 제품의 등급까지 척척 구분해 낸다.

고급 명품의 경우에는 대부분 보증서가 들어있는 케이스와 제품을 동시에 반입하는 것이 보통이지만 제품과 케이스를 따로 가지고 오더라도 판독요원들은 이를 손쉽게 판독해 낸다.

어떤 여행자들은 입국을 할 때 고급 시계나 보석반지, 목걸이 등을 신변에 착용하고 빈 케이스는 가방에 넣어가

가지고 온다. 그러나 빈 케이스의 반입 목적은 본 제품이 반입될 것이라는 단서가 되어 결국 이런 여행자들은 대부분 검사 대상으로 분류되어 정밀검사를 받게 된다.

휴대품검사직원들은 이런 여행자들을 정밀검사 하기 전에 "신고할 물품이 있느냐?"고 마지막으로 질문을 던진다. 이때 대부분의 여행자는 사실대로 신고하여 검사를 받게 되지만 어떤 여행자들은 끝까지 사실을 숨겼다가 적발되어 조사를 받거나 자진신고 불이행으로 30%의 가산세까지 물게 되는 불이익을 받기도 한다. 이미 검색 등을 통하여 물품을 반입한 사실을 다 알고 있는 검사 직원에게 거짓말을 한다는 것은 참 어리석은 일이 아닐 수 없다.

어떤 때에는 아무리 검사를 실시하여도 빈 케이스만 있는 경우 세관에서는 이를 그냥 지나치지 않는다. 아주 특별한 케이스가 아닌 한 대부분 빈 케이스 자체는 장식용으로 사용하지 않기 때문에 이러한

사항은 별도 관리하여 정보로 활용한다. 케이스가 너무 예뻐 그것을 가지고 왔다고 억지 주장하는 여행자도 있는 데 그 말을 사실로 믿기에는 많은 의문점이 생길 수밖에 없다.

이제 비싼 명품을 패용하려면 더 이상 부끄럽게 양심을 팔지 말고 자진신고를 한 후 떳떳하게 세금을 내고 사용하여야 그것이 명품으로서 가치가 있는 것이다. 몰래 숨겨서 반입하여 세금을 포탈한 물품은 곧 밀수품에 해당이 되며, 그 밀수품을 차고 다니며 남 보아란 듯 자랑을 하고 다닌다면 그것은 스스로 밀수범이라는 사실을 홍보하고 다니는 것과 다를 바 없는 것이다.

난 아무것도 없는데요

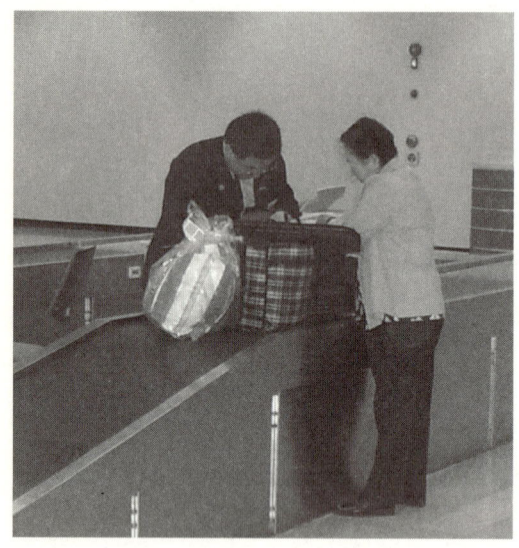

휴대품검사를 받을 때 휴대품 검사직원이 여행자에게 여권 제시를 요구하게 된다. 그리고 전산으로 신원조회를 하게 되는데 그것은 휴대품 검사를 할 때 참고를 하기 위해서이다.

신원조회에서 여행자의 입국횟수, 검사횟수, 유치횟수, 휴대반입 사항이나 휴대반출 물품, 면세점 이용 내역과 우범여행자 여부 등을 파악하며, 검사직원은 여행자의 직업이나 여행목적, 체류기간, 경유지, 반입한 물품의 내역 등을 여행자에게 질문하게 된다.

이런 인터뷰 과정에서 어떤 여행자는 "왜 그런 개인적인 것을 꼬치꼬치 묻느냐?", "가방이나 빨리 뒤져보면 되지 여행목적이 뭐건 며칠을 있다가 왔건 그것이 왜 필요하냐?"고 퉁명스럽게 시비조로 말하기도 한다.

"가방 속에 무엇이 들어 있느냐?"는 물음에는 "난 아무것도 없는데요"라고 대답을 하는 경우들이 많다. 분명히 빈 가방이 아닌데 아무것도 없다고 하면 그것을 어떻게 이해해야 하는가? 가방을 열어 일일이 가방 속에 들어 있는 물품을 하나하나 꺼내 검사를 하는 수밖에 없는 일이다.

그러나 태국 푸켓으로 3박4일간 신혼여행을 다녀오는 길이며, 가방 속에는 사용하고 있는 소지품과 입던 옷들이 있고, 손에 들고 있는 쇼핑백에는 선물로 산 80불짜리 양주 2병뿐입니다."라고 대답을 했다고 하자. 그러면 검사직원은 특별히 문제가 없는 한 여행자의 휴대품을 일일이 정밀검사를 하지 않고도 신속하게 검사를 종료할 수 있는 것이다.

그렇지만 "난 아무 것도 없는데요"라고 말하고 나서 팔짱을 끼고 있으면서 맘대로 다 뒤져보라는 식이 되고 나면 검사직원은 여행자의 정보 등을 잘 모르기 때문에 검사는 더 지연되고 서로 불쾌한 감정만 생겨 기분만 상하게 된다.

사람은 대화를 가진 동물이다. 그러므로 오늘을 살아가는 데 있어서 대화가 없는 관계는 서로 말없는 가운데 통하고 있는 것이 아니라 불신과 고통을 수반한다.

검사직원이 하는 인터뷰는 개인적인 비밀 같은 신상 정보를 파악하기 위한 것이 아니라 휴대품 검사를 보다 신속하고 효율적으로 수행하기 위한 것이다. 그러므로 여행자가 휴대품 검사직원의 질문에 성의껏 대답해 줄 때 정황을 빨리 파악되어 신속하게 검사를 마칠 수 있으나 아무것도 없다는 무성의한 답변으로 협조를 잘 하지 않아 검사 시간이 지연되는 경우 그것은 순전히 여행자의 귀책이라고 볼 수 있다.

이것은 선물 받은 것인데요

우리나라 사람들은 선물을 좋아한다. 선물 받기를 좋아하고 선물하기도 좋아한다. 선물은 가격보다는 정성이 더 중요하지만 사람들은 곧잘 선물 가격이 선물 준 사람의 마음의 척도라고 생각하기도 한다. 하지만 선물을 잘못하면 뇌물이 되고 상대방에게 누를 끼치기도 하며 선물이 불행을 초래하기도 한다.

해외여행을 다녀오는 여행자들이 가져오는 선물의 종류는 매우 다양하다. 미국에서 들어오는 여행자들의 선물은 비타민 같은 의약품이나 화장품, 청바지 같은 종류가 많고, 일본을 다녀오는 여행자들은 과자 종류와 가전제품이, 중국을 다녀오는 여행자들은 중국술이나 참기름, 의약품, 한약재 같은 것들이다. 아무래도 현지에서 가격이 싸고 우리나라에서 흔하게 구할 수 없는 것들이 대부분 선물로 선호된다.

구라파 지역과 홍콩을 여행하고 돌아오는 여행자들의 짐에는 고급의류, 화장품, 핸드백 등 고가의 물품이 많고, 상대적으로 동남아지역을 여행하고 오는 사람들은 수공예품이나 특산품 등 값싼 물품이나 아니면 아예 아무것도 사오지 않고 빈 몸으로 들어오기도 한다.

선물도 유행을 많이 탄다. 아주 예전에는 영웅 만년필과 카시오 전자손목시계가 선물로 인기가 있었고, 그 뒤 일본 코끼리 밥솥과 워커맨이 그랬으며, 한때는 비타민 열풍이 불어 여행자들의 가방만 열면

그것들이 쏟아져 나오던 때도 있었다.

　중국과 교역이 시작되어 왕래가 되면서 녹용, 웅담분과 장뇌삼이 많이 들어 왔으며, 몇 년 전까지만 해도 비아그라가 여행자들의 짐 속에 숨겨져 들어오는 경우가 많았다.

　그렇지만 선물로 가장 변함없이 애용되는 것은 술과 담배이다. 그것이 선물로 가장 선호되는 것은 대체로 가격이 적당하고 누구에게나 무난하게 주고받을 수 있기 때문이다.

　외국에서 선물을 사오는 경우도 있지만 외국에서 선물을 받아오는 경우도 있다. 이 경우 여행자들 중에는 "선물을 받은 것도 세금을 내나요?"라며 도저히 이해를 할 수 없다고 항의를 하기도 한다. 그렇지만 선물을 받은 것도 면세기준 금액인 미화 400불 안에 포함하여 계산하여야 한다.

　외국에서 선물이나 예물로 받은 것은 모두 외국물품이기 때문에 그것이 국내로 들어올 때는 세금을 내야한다. 세금을 낼 능력이 없는 사람은 비싼 선물이나 예물을 받을 자격이 없다는 뜻도 된다.

여행자의 휴대품은 이런 것

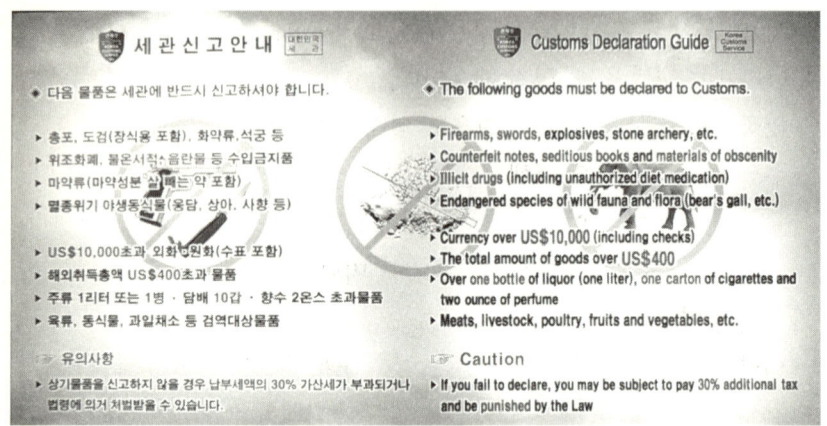

여행자가 해외여행을 마치고 입국하면서 여러 가지 물품을 가지고 들어오게 된다. 이때 여행자가 가지고 온다고 하여 모두 다 휴대품으로 인정해 주는 것은 아니다.

'휴대품'은 여행자의 입국목적이나 여행기간, 직업, 연령, 반입물품의 성질, 물품의 수량, 가격, 용도, 반입사유 등을 고려하여 여행자가 통상적으로 휴대하는 것이 타당하다고 인정되는 물품을 말한다. 휴대품은 해외에서 취득한 물품의 합계액이 미화 400불상당 이하가 되는 금액에 대하여 면세를 받을 수 있다.

그리고 여행자의 휴대품이란 우선 여행자가 본인이 사용 중이거나 명확하게 여행 중에 사용한 것으로 인정되는 물품이어야 한다. 그러므로 다른 사람의 물품을 가지고 오는 경우 휴대품으로 인정받지 못하고 별도의 세금을 내야하며, 여행자가 여행 중에 골프채나 옷, 화장품 등을 사가지고 오면서 조금 사용한 것처럼 눈속임 하는 것도 휴대품으로 인정받기 어렵다.

어떤 여행자들은 비싼 골프채를 산 다음 사용한 것으로 인정받기 위해 골프채 헤드에 흙을 약간 묻혀서 들어오기도 한다. 그렇지만 비싼 골프채의 경우 흙을 조금 묻혔다고 면세통관이 되는 것이 아니라 골프채의 손잡이나 헤드부분을 잘 보면 이내 사용하던 것이라는 아니라 흉내를 낸 것에 불과하다는 것을 알 수 있다.

고급 의류의 경우 소매, 단추 구멍이나 라벨을 확인하거나 옷의 냄새를 맡아보면 안다. 사용한 것은 소매 깃이 좀 닳아지고 단추 구멍은 약간 벌어져 있으며 세탁을 한 것은 라벨에 글씨 같은 것이 좀 바래지고 새 옷에서는 비누냄새가 나지 않는 등 역시 진실을 숨기기에는 역부족이다.

또한 비거주자가 여행자 본인의 직업상 필요한 직업용구를 반입한 경우 휴대품으로 인정해 준다. 음악가가 사용하는 악기나 사진작가가 사용하는 카메라, 골프선수가 사용하는 골프채 등이 이에 해당되며 이들이 사용하기 위해 반입하는 경우에는 면세를 받을 수 있다.

하지만 세계 각국이 휴대품 면세나 인정범위가 우리와 같지 않음에 유의하여야 한다. 선진국일수록 면세금액을 정하지 않고 물품의 종류를 정하는 나라들이 대부분이다.

선진국일수록 마약이나 위해물품, 검역물품 등에 주력하여 단속하고, 후진국일수록 복잡한 여러 가지 제한이 많은데 그것은 자국의 국익을 위한 하나의 방편이다. 그러므로 해외여행을 마치고 입국하면서 "미국에서는 이런 물품에 대해 전혀 시비를 걸지 않는데 도대체 우리나라는 이게 뭐냐?"는 식으로 따지는 일은 옳지 않은 것이다.

가장 아름다운 선물

선물을 주고받는 일은 매우 즐거운 일이다. 선물은 인간관계를 더욱 가깝게 하고 서로 마음을 확인하는 계기가 되기 때문이다. 선물을 준 사람은 주었다는 것으로 마음이 뿌듯해지고 받은 사람은 자기에 대하여 관심을 보였다는 점에서 기쁨을 갖게 된다.

선물은 gift와 present로 구분되어 gift는 의례적인 선물로 크리스마스선물이나 결혼선물이 이에 해당되고, present는 가벼운 마음으로 호의를 표시하는 생일 선물 같은 것의 뜻으로 사용된다.

선물은 자기나라 제품을 주는 것이 예의이며, 여행에서 돌아와 친지에게 선물을 주는 경우에는 다른 나라의 제품으로 선물을 하는 것보다는 여행한 국가의 상품을 선물로 하는 것이 좋다.

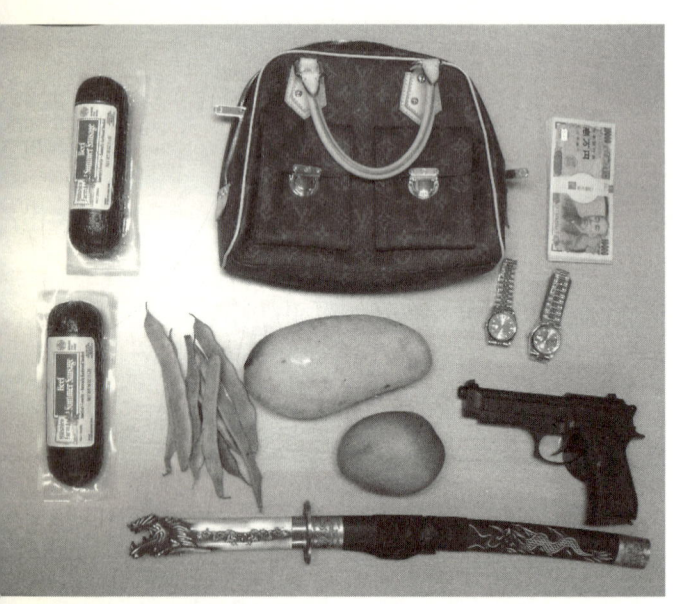

그런데 선물을 사 가지고 오는 경우 몇 가지 주의해야 할 것이 있다. 격발장치가 있는 실물과 흡사한 장난감 권총이나 날이 있는 장식용 칼은 통관이 되지 않으며, 탄피를 이용하여 만든 목걸이나 장식용품도 위해물품으로 간주되어 통관이 불가능하게 된다. 그 이유는 이러한 물품들이 범죄에 악용될 가능성이 있기 때문이다.

그리고 동남아지역에서 입국하는 여행자들이 과일류를 가지고 오거나 미국, 호주, 일본 등에서 쇠고기 등 육류를 가지고 오면 대부분 통관이 되지 않는다. 이것은 과일 하나, 고기 한 덩어리가 문제가 아니라 그 물품을 통하여 국내로 병원균이 반입될 가능성 때문인 것이다.

지금 우리나라에서 발생되었거나 발생될 우려가 있는 광우병이나 구제역, 재선충, 솔잎혹파리 등은 다 외국에서 건너오는 것으로 연간 방역비만도 수천억 원이 넘는 엄청난 피해를 주고 있다. 쇠고기나 돼지고기가 들어있는 카레나 만두, 소시지 등도 통관이 불가능한 것은 마찬가지이므로 가능한 먹는 것은 반입하지 않는 것이 좋다.

선물을 줄때는 받는 사람의 정서를 생각해야 된다. 술을 먹지 않는 사람에게 양주를 선물한다든지 담배를 피우지 않는 사람에게 고급라이터나 담배를 선물한다는 것이나 정장을 거의 하지 않는 사람에게 고급 넥타이를 선물하는 것은 그만큼 선물로서의 가치가 평가절하 되는 것이다. 이 세상에서 가장 아름다운 선물은 마음의 선물로 따뜻한 전화 한통, 정성어린 편지 한 장이 물건으로 선물을 하는 것보다 훨씬 더 좋은 선물이 될 수 있다.

술 한 병 사고 싶은데요

술은 다른 물품에 비하여 세율이 무척 높다. 그래서 면세점에서 판매하는 가격과 일반 시중 백화점에서 파는 가격이 많은 차이가 난다.

여행자가 입국하면서 위스키나 꼬냑 같은 양주가 유치되면 세금을 내고 찾아가는 여행자보다 찾아가지 않는 여행자들이 더 많은 편이다. 그것은 세금이 비싸기 때문에 물품을 포기하거나 아니면 다시 외국으로 반송을 하고 있다.

여행자가 통관하지 않은 술은 1개월이 지나면 공매처분을 시작하는데 공매에서 팔리게 되면 공매대금에서 세금과 보관료 등을 제외한 나머지 금액을 여행자에게 돌려준다. 그렇지만 세금과 보관료를 공제하고 나면 대부분 여행자에게 돌려주는 금액은 매우 적은 편이다.

우리나라에는 유명백화점과 특급호텔 내에 여러 개의 시중 면세점들이 있다. 여행을 앞두고 있는 여행자들이 여권을 가지고 가서 구입할 수 있는 물품은 내국인의 경우 미화 2천불이고, 외국인의 경우 제한이 없다.

이런 금액 제한이 있어 일부 내국인 여행자들은 면세기준 금액을 2천불로 착각하기도 한다. 입국 시 검사 직원에게 "면세점에서 2천불 어치를 팔았는데 왜 세금을 내라고 하느냐?"고 항의를 하기도 하지만 엄연히 면세기준 금액은 400불이며, 나머지 금액 1,600불은 세금을 내고 통관을 해야 한다. 아직 우리나라 면세점 판매 제도는 입국 여행자를 위한 제도가 아니라 출국하는 여행자를 위한 것으로 이해를 하면 된다.

시중 면세점에서 물품을 구입한 여행자는 출국 시 법무부 입국심사을 마친 후 3층 출국장 안에 있는 면세물품 인도장에서 자기가 구입한

물품을 찾아서 출국하면 된다. 그런데 구입한 물품을 해외에 있는 사람에게 선물을 하지 않는 한 여행 중 그 물품을 가지고 다녀야 하는 불편이 뒤따른다. 특히 그 물품이 술에 해당될 때 불편은 더욱 가중된다.

  그래서 비행기내에서 술을 사기도 하는 데 기내에는 일정 수량밖에 없으므로 부족하여 사지 못할 때도 있다. 어떤 여행자들은 영국 같은 나라처럼 입국장에서 술을 살수 있는 줄 알고 "술 한 병 사고 싶은 데요 어디서 팔지요?"라고 묻기도 한다. 그러나 이미 때는 한참 늦은 것이며 여행자는 술을 살 수 없어 안타깝게 발만 구를 뿐이다.

향수 2온스

어린 갈까마귀 한 마리를 둥지에서 꺼내 완숙 달걀을 40일 동안 먹여서 사육한 후 잡는다. 그리고 은매화 잎새와 화장분, 아몬드 오일에 넣고 증류하면 무엇이 나오겠는가? 이것이 16세기 향수의 제조법이다.

아름다운 향기를 만들기 위한 제조과정이 너무도 잔인하다. 그것은 곧 아름다운 향기란 절대 쉽고 간단한 방법으로 얻기가 어렵다는 말이다. 1930년대에도 1온스의 향수를 만들기 위해 1만6백송이의 쟈스민꽃과 28다스의 장미꽃을 사용하였다고 하는 것은 이러한 사실을 다시 확인시켜준다.

요즘 사람들은 향수 하나쯤은 필수적으로 갖고 있다. 그렇지만 사람들은 향수를 선택함에 있어 향을 보고 고르는 게 아니라 대부분 브랜드를 선호한다. 샤넬의 알뤼르, 카사렐의 아나이스 아나이스, 크리스챤디오르의 쁘와종, 불가리의 옴니아, 살바도르 달리의 달리심므, 랄프로렌의 로맨스 우먼 등은 나름대로 향기의 특징이 있어 그 사용하는 용도가 다르다.

우아하게 차려입고 나설 때는 알뤼르, 도회적이지만 여성스러움을 나타내고자 할 때는 옴니아, 생기발랄함을 표현하고 싶을 때는 달리심므, 여름날 연한 꽃향기를 느끼고 싶을 땐 로맨스우먼, 지쳤을 때는 카사렐의 아나이스 아나이스를 뿌리는 것이 격에 맞는다고 한다.

이렇게 향수 하나를 선택함에 있어서도 까다로움이 존재한다. 까다롭게 선택하여 결국 자신의 분위기를 더욱 향기롭고 우아하게 연출하기 위함이다. 그러기에 현대에 와서는 향수가 옷에 못지않게 새로운 하나의 패션으로 등장한다.
　향기는 사람의 옷차림과 함께 그 사람의 이미지를 결정한다. 상대에게서 느껴진 향기의 기억은 오래도록 남으며 미인들에게는 항상 자신만의 독특한 향이 있다고 말할 정도로 우리는 향기를 추구하며 살아가고 있다.
　해외에서 입국하는 여행자들도 적지 않게 향수를 사가지고 온다. 향수는 통관에 있어서 우리가 가볍게 생각하기 쉽지만 실상은 그렇지 않다. 향수는 다른 일반적인 물품과는 달리 여행자 1인당 2온스만이 면세통관이 될 뿐 그 이상을 사가지고 오면 세금을 내야만 한다. 2온스 이상의 향수를 가지고 온 여행자들에게 통관규정을 말하면 많은 여행자들은 그것을 잘 이해하려 하지 않는다.
　아직 우리나라 향수는 세계적인 명품에는 끼이지 못하지만 창포로 머리감고 모시적삼에서 풀냄새 나는 조선여인들의 향이 세계적인 향으로 만들어질 그날이오기를 기대해보며 인위적으로 향수를 뿌리는 것보다 우선 마음의 향기부터 갖는 게 더 중요하다는 생각이 든다.

잘못 만진 죄

물품은 저마다 특성이 있어 보관이나 운송, 사용방법 등이 매우 다양하고 까다로운 것들이 있다. 밀봉된 포장을 뜯는 경우 상품 가치가 상실되는 미생물 같은 것들이 있고, 어떤 물품은 상하를 구분하여 반듯이 세워야만 하는 용액종류 같은 것들도 있다. 또 어떤 악기들은 몸체에 달린 줄 하나도 아주 조심스럽게 다루고 보관을 할 때도 온도와 습도를 잘 맞추어 보관해야하는 것들이 있다.

물품검사나 보관을 하는 경우 이러한 점에 유의하지 않으면 생각하지도 않은 큰 문제가 발생하게 된다. 예전에 어느 한 여행자가 첼로를 가지고 입국을 하였는데 그것이 면세대상이 아니어서 일단 유치를 하였다.

악기는 저마다 브랜드가 있고 악기 몸체 내부를 들여다보면 제조번호가 있는데 검사직원이 유치과정에서 제조번호를 확인하기 위해 악기의 현을 좀 건드렸던 모양이다. 며칠 후 여행자가 서류를 준비하여 악기를 통관하려고 하는 시점에서 생각하지도 못하는 문제가 발생하고 말았다.

여행자의 말에 의하면 그 악기는 보통 제품이 아닌 아주 비싼 것으로 국내에서 연주회를 갖기 위해 가지고 왔는데 이것이 검사와 창고 보관과정에서 손상을 입었다는 것이다. 그래서 다 망가졌다는 이야기로 시작하여 울고불고 야단법석이 벌어지게 되었다. 검사직원이 어떻게 해 줘야하느냐는 질문에 그것을 다시 캐나다로 가져가서 수리를 해야 되므로 왕복 항공권과 수리비용을 받아야 하는데 그 비용이 최소한 500만원이나 든다는 것이었다.

그 뒤 여행자와 서로 협의하여 잘 마무리 되었으나 악기의 줄 한번 잘못 만진 죄와 습기 있는 창고에 보관한 것으로 인해 서로 금전적인 손해와 더불어 한바탕의 큰 소동이 벌어진 것이었다.

휴대품 검사직원의 보다 세심한 주의와 더불어 여행자가 사전에 악기 보관 시 주의사항에 대하여 미리 한번쯤 말을 해주었더라면 하는 아쉬움이 남는다.

공항에서는 무엇이건 함부로 만져서는 안 된다. 이런 악기 같은 것들도 주의를 요하지만 귀엽다고 외국 어린이 머리를 쓰다듬는다든지 아니면 불필요하게 몸을 닿는 일이나, 원하지도 않는데 남의 가방을 억지로 받아주려 해서는 안 된다.

머리를 쓰다듬으면 머리 속에 들어있는 영혼이 빠져나간다고 생각한다든지, 몸을 닿는 일을 성추행으로 본다든가 가방을 받아주는 성의를 가방을 뺏기 위한 것으로 생각하는 등 문화의 차이로 인해 예상 밖의 문제들이 생길 수 있으므로 이러한 점에 유의해야만 된다.

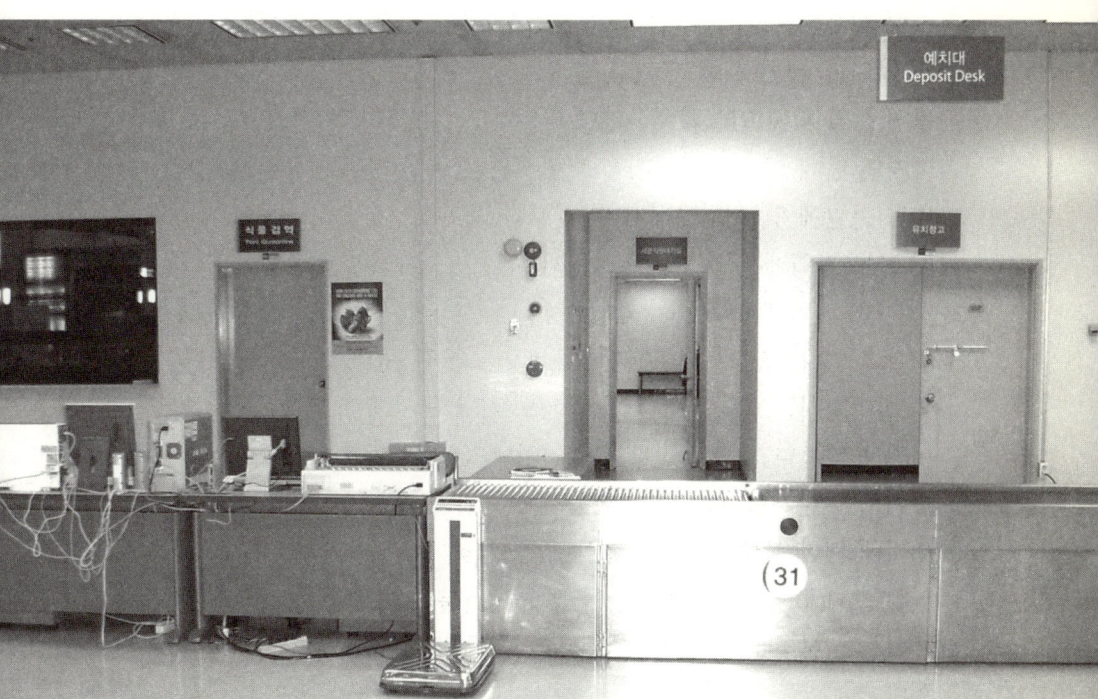

악어는 죽어서 핸드백이 되지 않는다

우리가 사는 이 세상은 지금 이 순간에도 소리 없이 사라지는 것들이 더러 있다. 어릴 적 강에서 손쉽게 잡던 가재와 새우도 보이지 않고 밤마다 울던 부엉이와 소쩍새 울음소리도 듣기 어려우며 반디불이와 박쥐들이 누비던 별빛 쏟아지던 여름 밤하늘도 이제 하나하나씩 오래된 옛날이야기로 돌아가고 있다.

그 이유는 언제나 자연은 그대로이지만 사람들이 개발이라는 논리로 자연을 훼손해 가고 있기 때문이다. 사람들은 자연을 사랑하지만 자연을 자기 손으로 훼손하기를 서슴지 않는다.

자연 앞에 인간의 나약함을 보면서도 자연을 두려워하지 않는 것은 바로 눈앞에 있는 욕망에 눈이 어두운 탓이다. 이제 사람들은 파괴되어 가는 자연에 위기감을 느끼면서 자연을 보호하자는 운동을 벌이는가 하면 자연에서 구할 수 없는 것들을 인공이나 인조로 충당하려 노력하고 있다. 진작부터 자연을 아끼고 보존해 왔으면 지금과 같은 일이 벌어지지는 않았을 테지만 아직도 지구 도처에서 자연훼손은 이루어지고 있으니 참으로 안타까운 일이다.

이러한 문제를 해소하기 위하여 탄생한 국제협약이 생겼다. '멸종위기에 처한 야생동식물 보호에 관한 협약 CITS 협약'이다. 이 협약은 명칭 그대로 멸종 되어가는 동물이나 식물을 보호할 목적으로 야생동식물은 물론 가죽이나 털을 이용한 제품도 수입을 제한하도록 하고 있다.

호랑이가죽이나 밍크코트, 악어, 코브라, 도마뱀 등의 껍질로 만든 가방과 벨트, 거북이 박제품, 향유고래의 이빨이나 보리고래의 수염, 산호, 웅담, 사향이나 희귀식물 등이 이에 해당된다. 다만, 사육을 한 경우에는 이 협약에서 제외가 되지만 제조국가에서 발행한 증명서가 있어야 한다.

거북이는 바다에 살아야 하고 새는 하늘을 날아야 하며 식물들은 땅에 뿌리를 박고 살아야만 사람들이 이 땅에서 평온을 누리며 더불어 살아갈 수 있다. 그럼에도 거북이나 새를 잡아서 그것을 박제하여 집안에 장식한다면 그것은 원시 수렵시대의 삶으로 회귀하는 매우 불행한 일이라 생각된다.

이제 악어는 죽어서 악어핸드백이 되지 않고 땅 속에 묻히며, 사향노루도 죽어서 사향과 함께 땅 속에서 향기롭게 썩어갈 때 사람들도 이 땅에서 오래도록 행복하게 살다가 죽어서는 향기로운 이름을 남기는 존재가 될 것이다.

병마개를 따도 술은 술입니다

입국여행자가 반입하는 물품 중에 가장 많은 것이 술이다. 우리나라는 전통적으로 술을 좋아하는 민족이며 술 문화가 매우 고상하여 근대에 이르기까지 술은 우리 음식 가운데 가장 고귀한 것으로 인정되어 많이 선물로 애용하고 있다.

술은 위스키와 브랜디, 와인 등 종류와 크기, 브랜드가 매우 다양하다. 스코틀랜드산 위스키 '맥캘란 1926'은 1병에 7천만원이나 되고 로얄살루트 50년산 위스키 같은 경우 1병에 1천만 원이 조금 넘으며, 루이13세 꼬냑도 1병에 백만 원을 초과하는 비싼 술이다. 포도주도 예외는 아니어서 로마네꽁띠 같은 술은 기 백만 원이 넘는 고급술에 해당되는 반면 중국의 마호타이주는 국산 양주가격 정도로도 살 수 있다.

술에 대한 면세는 여행자가 구입한 물품의 면세 기준금액인 400불과는 별도로 1리터 이하의 술로서 400불 미만에 해당하는 1병으로 되어 있다. 다만, 여행자가 만 19세 미만인 경우 술과 담배는 면세를 해 주지 않도록 규정하고 있으나 술에 대한 여행자들의 불만은 자주 발생하는 편이다.

술의 면세기준이 88서울올림픽 개최 무렵 2병에서 1병으로 줄어들었기 때문에 종전 규정을 현재의 규정으로 잘못 알고 있는 경우도 있겠으나 그보다는 단순히 "규정을 잘 몰랐다", "왜 홍보를 제대로 안하느냐?", "왜 면세점에서는 팔게 하고 세관에서는 세금을 내라고 하느냐?", "일본은 2병인데 왜 우리는 1병이냐?"는 식의 항의성 불만을 터뜨리기도 한다.

어떤 여행자는 규정보다 많은 술을 가지고 오면서 아예 술병을 따서 가져오기도 하는데 이 경우 모두 면세가 되는 게 아니라 병마개를 따지 않은 술은 유치를 하고 병마개를 딴 술을 면세통관 하도록 하고 있다. 술과 담배와 향수는 세계 어느 나라를 가더라도 제한하고 있기 때문에 현행 우리 규정의 잘못을 운운하며 항의를 하는 것은 사리에 맞지 않는 일인 것이다.

휴대품 검사 도중 술을 유치를 하는 것에 항의를 하여 "내 술이니까 깨버리겠다"고 하면서 실제로 술병을 깨는 일도 있다. 이 경우 이미 세관 검사대에 올려진 술은 과세물건이 되기 때문에 그 여행자는 고스란히 깨뜨린 술의 세금을 다 물어야 하고 공무집행을 방해한 소란행위자로 분류되어 특별관리 된다. 아무래도 술은 기분 좋게 통관하여 기분 좋게 마시고 기분 좋게 취하는 것이 올바른 주법이 아닌가 싶다.

몸에 좋다는 것들

몸에 좋다고 하면 우리나라 사람들은 물불 가리지 않고 선호하는 경향이 있다. 여행자가 어떤 물품을 왜 좋아하는지 그것은 공항의 검사대에서 보면 잘 알 수 있다.

한때 버섯이 몸에 좋다고 하여 뽕나무에서 나는 상황버섯과 자작나무에서 자생하는 차가버섯, 브라질 피아다데 평지에 자생하는 아가리쿠스버섯 같은 것들이 들어오기도 하고, 간혹 아프리카 지방에서 자생하는 악마의 발톱 같은 식물이 반입되기도 하였다. 이것들은 대개 성인병과 암에 탁월한 효과가 있다는 이름으로 들어오는데 조금만 시간이 흐르면 어느새 국내에서 인공재배가 되어 대량 판매되는 수준으로 발전되었다.

악마의 발톱은 세계에서 토양이 가장 열악한 아프리카대륙 중부 칼라하리 사막 한가운데서 자라는 국제적으로 보호받는 희귀식물이다. 그 식물의 씨앗주머니가 험상궂은 발톱같이 생겨 악마의 발톱이라 불리는데 신경통과 류마티스에 좋다고 하여 감쪽같이 불법 채취되어 국내로 들어오기도 했다.

그리고 코뿔소의 뿔인 서각도 해열이나 해독에 좋다고 하여 반입되는가 하면 물개의 수컷이나 호랑이 수놈의 성기가 정력에 좋다고 하여 그것을 비싼 돈을 주고 사가지고 들어오기도 한다. 하지만 그것은 통관도 되지 않고 소각처분을 하고 만다.

동물의 그것이 몸에 좋다는 것도 허황된 말이지만 실제 그것이 물개나 호랑이의 것이라는 것도 믿을 수 없다. 이제 우리는 모기눈알로 된 제비집, 히말라야 암벽에서 딴 석청, 거북이의 알, 코브라와 곰의 쓸개즙들도 무턱대고 몸에 좋은 약용이라고 생각하지 말고 자연보호 측면에서 다시 한번 생각할 수 있어야 한다.

이러한 물품들을 반입하는 여행자들은 한결같이 병을 치료하기 위한 약이라고 주장하지만 그것은 하나의 핑계에 지나지 않는다. 그저 몸에만 좋다고만 하면 수단과 방법을 가리지 않는 행태를 배척하고 이제 우리 농산물이 최고인 신토불이 身土不二 식단으로 바꾸어 나가는 것이 우리 몸에 더 좋은 건강식이 되는 것이다.

물건을 빼앗기는 여행자

여행자가 입국 시 2층 출입국관리사무소 입국심사가 끝나고 나면 그 다음 절차는 1층 세관 입국검사장에서 휴대품 검사 절차를 거치게 된다. 세관에서는 많은 여행자들을 일일이 검사를 하던 제도를 바꾸어 지금은 전체여행자의 약 5%정도를 선별하여 검사하는 제도를 운용하고 있다.

검사대상자로 선정되어 검사를 받게 되는 경우 대다수의 여행자들은 일단 불쾌하다는 감정을 기본적으로 갖고 있다. 왜냐하면 다른 여행자들은 휴대품 검사 없이 그냥 통과하는 데 자기만 재수 없이 검사를 받게 되었다는 피해의식 때문이다.

피해의식을 갖고 있는 여행자들은 표정에서 보이기 때문에 검사직원들은 그런 여행자들의 심정을 읽으며 조심스럽게 접근하여 휴대품 검사를 하게 된다. 여행자에게 인터뷰를 하면서 여행자의 신분이나 직업, 여행기간, 출발지 등을 고려하여 검사를 실시하는데 해외에서 취득한 물품의 가격이 미화로 400불상당을 초과하는 경우 유치를 하게 되며, 초과된 물품의 금액에 대해서는 세금을 내야 한다.

이 경우 여행자들은 쉽게 흥분하며 검사직원들의 약점을 찾아 그것을 빌미로 싸움을 걸거나 불쾌한 감정을 표출하는 경우가 있다. 검사직원들을 향해 갖가지 독설을 퍼붓지만 검사직원들은 그런 여행자들에게는 오히려 더 차분하게 규정을 설명하는 등 여행자를 최대한 이해를 시키려고 노력한다.

그런데 제일 듣기 거북한 말이 있다면 그것은 "세관에 물건을 빼앗겼다"는 말이다. 이 말을 들으면 검사직원들은 기분이 상하여 의기소침해지고 근무 의욕을 잃고 만다. 물건을 빼앗긴 사람은 여행자이고, 세관직원은 백주대낮에 물건을 탈취한 강도 같다는 말이기 때문이다.

물건을 빼앗는 행위는 5대 범죄 중의 하나인 강도죄에 해당 된다. 검사직원들은 하루에도 이렇게 여러 차례 강도짓을 한다는 것이고, 빼앗은 물건은 장물이며, 국가에서는 그 장물을 팔아 국고를 채운다는 식으로 매도하는 것은 여간 모독이 아닌 것이다.

이제 우리는 법질서가 온전하게 확립된 대한민국의 정직한 국민으로서 물건을 빼앗기지도 빼앗지도 말고 다만 규정에 의한 유치를 하고 규정에 의한 세금을 내면 되는 것이다.

지금은 영수증 시대

최근에는 우리가 물건을 사고 팔 때 주고받는 것이 하나 더 있다. 현금 영수증이다. 신용카드로 대금을 결재하면 자연히 영수증이 발급되지만 현금으로 지불하는 경우 예전에는 영수증이 발급되지 않았으나 요즘은 현금 영수증을 주고받는 시대로 바뀌어 가고 있다.

연말 정산 시 세금공제 혜택까지 주면서 이렇게 현금 영수증 주고받기를 권장하는 것은 세원 탈루를 막아보겠다는 뜻과 함께 소비자 보호를 위한 측면도 일부 반영되었다고 본다.

해외에서 입국하는 여행자가 물품을 사가지고 왔을 때 그 물품 가격의 근거가 되는 것은 영수증이다. 영수증에는 판매자의 상호가 나오고 품명과 규격 그리고 가격이 표기되는 것이 기본이다. 이러한 영수증은 여행자 휴대품 검사 시 물품의 가격을 입증하는 데 있어서 매우 중요한 역할을 한다.

여행자 휴대품의 물품 가격은 "해외에서 실제로 지급한 가격"을 인정하여 면세 및 과세 여부를 결정하게 된다. 이 경우 여행자가 제시하는 정확한 영수증이 있으면 휴대품 검사직원은 대부분 이것을 인정하여 신속하게 처리를 할 수 있다.

영수증이 없는 경우에는 가격을 조사하는 데에도 시간이 걸릴 뿐 아니라 때로는 통관한 실적가격이나 국내시장조사 가격을 적용하게 되어 여행자가 실제로 구입한 가격 보다 더 높은 가격을 적용받을 수도 있다. 예를 들면 여행자가 중고 상점에서 물품을 싸게 구입하는 경우도 있고, 물품을 세일하는 곳에서 아주 싼 가격으로 구입할 수도 있어 동일한 물품인데도 가격이 절반 이상 차이가 나기 때문에 영수증이 없으면 아무래도 더 높은 가격을 적용받을 확률이 더 높다.

이런 어려움을 겪지 않기 위해서는 여행자가 물품 구입 영수증을 잘 보관하였다가 휴대품 검사 시 세관직원에게 이를 제시하거나 설명을 하면 된다.

선물을 받은 것도 어느 정도 값이 나가는 물품일 경우 선물을 준 사람에게 가격을 알아 두거나 아예 물품 구입 영수증을 받아두면 통관이 용이하고 처리가 신속해진다. 영수증 시대에는 국내나 국외에서도 영수증을 잘 챙기면 그만큼 본인에게 이익이 많이 돌아간다는 것을 알게 되는 것이다.

세금 없으시면 나중에 내셔도 됩니다

여행자가 해외여행을 마치고 입국하면서 반입한 물품이 면세 금액을 초과하는 경우 통관 절차를 밟아야 한다. 어떤 여행자는 미리 세금이 어느 정도 된다는 것을 사전에 알고 있는 경우에는 통관 절차를 밟은 후 준비한 세금을 납부하고 물건을 찾아가면 된다.

그렇지만 규정을 잘 모르는 여행자의 경우 세금을 납부하지 못하면 물건을 찾아갈 수 없어 다시 공항에 나와야 하는 불편이 있었다. 이것은 곧 국가가 여행자에게 징수하는 세금에는 외상이 없다는 것이다.

대개 여행자가 반입하는 물품에 대하여는 간이세율을 적용한다. 간이세율이란 물품에 부과할 관세, 부가가치세, 특소세, 주세, 교육세 등 여러 가지 복잡한 세금을 합산하여 하나의 단일한 요율로 정한 것으로 거의 20%정도로 되어 있다. 그러나 고급의류나 고급시계, 술, 담배 등의 물품은 세율이 다르고 계산방법도 조금씩 다르다.

여행자가 해외여행을 할 때 기본 지식을 갖추는 것은 본인을 위하여 중요한 일이다. 어떤 일이 발생되면 몰랐다는 것으로 양해되는 것도 있지만 그보다는 여행자 본인이 책임져야 할 것이 더 많다. 면세규

정을 초과하여 물품을 사온 경우 규정을 몰랐으니까 면세를 해 달라고만 할 수 없는 것으로 어디까지나 규정의 숙지는 여행자 자신의 소양이요 책임이다.

예를 들어 잘 모르는 사람이 포장된 물건 하나를 누구에게 전달만 해 달라고 하여 약간의 사례를 받고 응낙 했는데 그 속에서 마약이나 총포류, 위조지폐 등과 같은 물품이 적발되는 경우 그것을 반입한 여행자는 큰 낭패를 당하게 된다. 그럴 경우 무조건 "나는 몰랐으니까 봐 주시오"라는 말로는 통하지 않는다.

그러나 요즘 세관에서는 세금이 얼마인지 잘 몰라서 미처 돈이 준비 되지 않았거나 돈이 부족한 여행자를 위해 먼저 물품을 내주고 세금을 나중에 받는 매우 편리한 제도를 시행하고 있다. 세금이 30만원 이하일 경우 돈이 없어도 물건을 먼저 가져가도록 하고 세금은 15일 이내에 가까운 은행에 납부하면 된다.

이 제도는 여행자에게 세금을 외상으로 해 주는 제도로서 여행자의 편리를 위한 특별한 제도이다. 국가에서는 그만큼 여행자를 신뢰하기 때문에 사후에 세금을 받겠다는 취지이며, 그렇다고 고지된 세금을 납부하지 않아도 되는 것은 아니다. 기간 내 미납할 경우 세금 체납에 대한 특별한 조치가 뒤따르는 것은 너무도 당연한 일이다.

급할 때는 사람이

우리나라는 부존자원이 적어 생산에 사용되는 원·부자재를 많이 수입에 의존하고 있다. 중국과 일본, 미국 등지에서 많은 물품들을 수입하고 있는 데 거의 정상적인 무역을 통하여 모든 거래가 이루어지지만 가끔씩 생산라인에 사용되는 기계들의 부품이나 원·부자재가 제대로 공급되지 못하여 문제가 발생하는 경우들이 있다.

이 경우 업체에서는 외국에 있는 거래회사에 물품을 급히 보내달라는 연락만 하고 앉아서 마냥 기다릴 수만 없다. 상황이 이쯤 되다보면 회사직원이 비행기를 타고 외국 회사로 가서 물품을 직접 가지고 들어오는 방법을 선택하게 된다. 그러나 회사 직원이 물품을 가져오거나 여행자의 인편을 통하여 물품을 가져오지만 이 물품들은 여행자 휴대품으로 인정되지는 않는다.

그렇지만 물품이 제때 공급되지 못하여 생산설비의 가동이 중단되는 급박한 상황이어서 정상적인 통관 절차대로 수행하기에는 시간이 많이 걸리게 되므로 이런 경우에는 간단한 현장통관 절차를 밟도록 허용하고 있다. 여행자가 회사용으로 반입하는 미화 1만 불 이하의 수리용 물품이나 견본품 및 원·부자재 등에 대하여는 여행자 휴대품과 같이 간단한 통관을 하도록 지원하고 있다.

특히 지방에 있는 업체들의 어려움을 덜어주기 위해 직접 회사에서 사람이 올라오지 않고도 통관을 할 수 있다. 물품 유치시 원격지 통관 신청을 하게 되면 물품을 보세 운송하여 인근 거주지 세관에서 통관할 수 있도록 허용해 주고 있다.

이러한 지원을 통하여 업체의 어려움을 해소하고 국익의 증대를 꾀하게 된다. 그렇지만 이 과정에서 발생되기 쉬운 문제가 있다면 물품의 대금 지불이다. 급한 나머지 무역대금을 은행을 통해 송금하지 않고 직접 휴대하고 가서 지불하는 일이나 일부 금액을 낮추거나 올려서 신고하는 일은 위법한 행위가 되는 것이다.

  이런 일이 적당히 묻힐 것 같지만 위법한 행위는 생각보다 잘 숨겨지지 않고 후에 더 큰 문제로 부각되는 경우가 많다. 미국 같은 나라에서는 세금 포탈로 한번 처벌을 받으면 다시는 그 사회에서 영원히 발붙이지 못하도록 엄하게 되어 있다. 이제 우리나라도 급한 것은 허용 되어도 위법한 것은 절대로 용서 되지 않음을 알아야 할 것이다.

특혜가 많은 세계 제2위의 공항

입국하는 여행자의 대부분은 단기간 체류를 한다. 그리고 여행자가 입국을 할 때 본인의 입국 목적에 따라 가져오는 물품의 종류도 매우 달라진다.

예를 들면 우리나라에 있는 회사에 업무 차 출장을 오는 경우 작은 가방에 서류 정도를 가지고 입국하고, 기계 수리 차 오는 경우 공구가방과 테스트기와 약간의 수리용 기계부품 정도가 있으며, 세일즈를 하러 오는 경우 샘플 등이 있겠지만, 관광을 목적으로 오는 경우 간소복 차림에 카메라와 골프채 등을 반입하게 된다.

이렇게 입국목적에 따라 여행자가 휴대 반입하는 물품이 각각 다르며, 그것이 어떤 경우에는 신변용품이나 직업용품에는 해당되지만 고가일 뿐 아니라 출국시 반출하지 않을 가능성이 있어 면세처리를 해주기도 어렵고 그렇다고 유치를 하면 사용을 하지 못하는 어려운 문제가 발생된다.

예를 들면 관광목적으로 입국하는 여행자가 골프를 치기 위하여 고급 골프채를 가져오는 데 그 물품이 고가이면서 신품인 경우 그것을 어떻게 처리해야 할 것인가를 고민하게 된다. 이 경우 여행자에게 출국시 반출할 것을 전제로 여행자의 인적사항과 연락처와 주소 등이 포함된 일시반입물품확인서를 작성, 교부한 후 물품을 휴대반입 해주어 여행자가 국내에서 사용하도록 편의를 제공하기도 한다.

그리고 그 여행자가 최초 출국할 때 세관에 그 물품을 신고하도록 하고 있는 데 이를 이행하지 않을 경우 세금과 가산세를 징수하고 있다. 이러한 휴대반입제도는 세계 각국이 채택하고 있는 제도가 아닌 우리나라에만 있는 특별한 제도로서 외국인 여행자나 교포, 유학생, 해외주재 직원 등에게 혜택을 주는 제도인 것이다.

그렇지만 아무리 좋은 제도가 있다고 하더라도 여행자가 주어진 최소한의 의무를 하지 않는다면 여행자로서 고급 서비스를 받을 수 있는 자격을 잃게 된다. 이렇게 혜택을 받은 여행자가 아무런 세관신고 없이 출국을 할 경우 특별관리대상으로 분류되며, 또한 미 반출에 대한 추징 절차를 진행하게 된다.

인천국제공항이 2004년 IATA 국제항공운송협회 와 ACI 국제항공협회에서 실시한 세계 주요 공항 고객만족도 조사에서 세계 제2위의 평가를 받았고 관세청이 정부부처 혁신평가에서 제1위를 차지하였다. 고객을 위한 서비스가 세계 최고 수준으로 인정받은 만큼 이에 걸맞게 우리나라 여행자들도 기본적인 소양을 갖추어 보다 수준 높은 여행자로 변신한다면 인천국제공항은 지금보다 한 차원 더 높은 세계 최고의 공항으로 빛날 수 있을 것이다.

반송을 하지 않도록

메일을 보낼 때 받는 이의 주소가 잘못 입력되거나 메일의 용량이 가득 차면 보낸 것이 금세 되돌아온다. 수신불가라는 그 메일을 확인하는 순간 왠지 기분이 언짢고 반송된 내용의 편지를 다시 보낼 방도가 없으면 어쩔 수 없이 마음을 깨끗이 비워야 한다. 편지를 정성껏 보냈으나 그것이 상대방에게 전달되지 않고 되돌아 왔을 때 느껴지는 감정은 허탈감과 불쾌함이 공존한다.

입국하는 여행자들도 때에 따라서는 이와 같은 감정을 느끼게 된다. 해외여행을 하면서 자신에게 필요한 물품을 구입하거나 가까운 분들에게 드릴 선물을 준비한 것이 입국을 할 때 통관이 되지 않거나 세금이 많아 통관을 할 의사가 없을 때 그 물품에 대하여는 반송을 하거나 물품을 포기하고 세관의 처분 절차대로 따르는 수밖에 없기 때문이다.

장식용 도검이나 총포류, 코브라벨트, 악어핸드백, 쇠고기, 육류, 과일 같은 물품 등은 본인의 의사와는 상관없이 통관이 되지 않기 때문에 찾을 수가 없다. 그러나 술이나 담배, 고급시계 등은 통관은 되지만 세율이 워낙 높아 세금을 내고 통관을 하더라도 별반 득이 되지 않기 때문에 본인이 통관할 의사가 없는 경우이다.

이런 이유로 물품은 창고에 보관된 채 보관료만 불어나게 된다. 그러므로 여행자가 유치된 물품을 1개월 이내에 국외로 반송하든지 아니면 공매, 국고귀속 등의 처분절차가 진행을 지켜볼 수밖에 없다. 수입이 제한되거나 금지되어 있는 물품이라 하더라도 일정기간 동안 본인의 소유권은 인정되므로 정해진 기간 내 본인의 신청에 의하여 반송을 할 수 있다.

반송이라는 것은 통관 상 문제가 있는 물품이나 통관할 의사가 없는 물품의 경우 이를 국내로 반입하지 않고 외국으로 다시 반출하는 것이므로 이는 곧 여행자의 권리를 보호하기 위한 하나의 방편으로 볼 수 있다. 반송을 하고자 하는 경우 본인이나 위임을 받은 자는 휴대품유치서와 여권과 항공권, 위임장 등을 준비하여 물품이 유치되어 있는 세관에 신고를 하면 된다.

물품은 3층 출국장에서 반송 여행자에게 인계가 되는 데 여행자는 그 물품을 인수받아 출국을 하면 되는 것이다. 그렇지만 이러한 절차를 밟고 물품을 출고하여 인계하는 과정에서 어느 정도 시간이 걸리게 되기 때문에 보통 출국시간보다 1시간 정도는 여유를 가지고 나와야만 된다.

반송을 하게 되는 이유가 어디에 있든지 그것은 여행자에게 추가 비용발생은 물론 허탈감과 불쾌감을 갖게 되므로 즐거운 여행 후에 반송을 하는 사태가 생기지 않도록 사전에 기본 상식을 갖추는 일이 필요한 것이다.

보따리 무역

경기침체와 장기불황으로 인하여 많은 실직자들이 발생하자 이를 타개하기 위한 방법의 하나로 보따리 무역이 등장하였다. 보따리 무역은 봇짐장수와 등짐장수의 뜻을 가진 보부상과 같은 의미로 여객선이나 비행기를 이용하여 외국과 우리나라로 물건을 가지고 나가거나 들어오면서 이를 판매하여 영리를 취하는 업을 말한다.

우리나라의 경우에는 일본보따리 무역과 중국보따리 무역이 많이 이루어지고 있는 편인 데, 이는 건전한 무역거래 질서유지를 위해서는 일부 부정적인 시각도 없지 않다.

왜냐하면 이들이 항공료의 일부라도 보태기 위하여 술이나 담배, 기타 물품들을 면세범위 내에서 가지고 오는 경우 엄격한 의미에서는 영리를 목적으로 반입하는 물품이므로 면세를 해 줄 수 없다. 그렇지만 보따리 무역을 하는 사람들의 신분이 따로 정해진 것이 아니기 때문에 대체로 일반여행자와 같은 혜택을 주게 되는 그런 약점을 이용하고 있기 때문이다.

보따리 무역은 국내에서 돈이 될만한 물품을 외국으로 가지고 나가 팔고 다시 외국에서 돈이 될만한 물품을 우리나라로 가지고 와서 파는 일을 하게 된다. 그러나 보따리 무역을 만만하게 보고 사전 지식 없이 뛰어들면 낭패를 보기가 쉽다.

우선 어느 나라로 갈 것인가를 정한 후 그 나라에서 선호하는 품목을 선택해야 하고, 현지에 도착하여 어떤 방법으로 물품을 팔 것인가가 제대로 정리되어야 한다. 처분을 하기 위해서는 그 나라 언어에서부터 시작하여 사회, 문화 전반에 관한 이해 없이는 성공하기가 어렵기 때문에 단순히 자신감만 가지고 떠돌이 장사꾼으로 보따리 무역을 한다는 것은 매우 어려운 일이다.

그러므로 현지에 거점을 두고 보따리 무역을 하는 사람과 같이 하거나 현지의 한인영업장에 물품을 의뢰하여 판매하는 방법이 가장 안전하고 좋은 것이다. 작은 자본으로 쉽게 창업할 수 있는 것이 이 무역의 장점이기는 하지만 보따리무역의 성격은 "안 되는 일도 없고 되는 일도 없다"고 하는 말을 곱씹어 생각해 볼 필요가 있다.

그렇지만 보따리상도 어디까지나 여행자로서 주어진 권리와 성실한 의무가 있기 때문에 자진신고제도와 간이통관절차, 반출입 금지 및 제한물품, 면세범위 등을 잘 지켜야 하며 그렇지 않을 경우 우범여행자로 분류되어 출입국시 마다 여러 가지 불이익을 당하게 된다.

밀수는 나라에게 짓는 죄

돈은 수익을 따라 움직인다. 돈벌이가 잘 되는 것이라면 어느 곳이나 쫓아가는 게 돈의 생리인데 돈으로 바꾸어진 물품이 허가 없이 국경을 넘나드는 것을 밀수라고 보면 된다. 다시 말해서 밀수는 수입이 금지된 물품을 밀반입하거나 세금을 내고 적법하게 통관해야할 물품을 부정한 방법으로 수입하는 것을 말한다.

밀수는 국가산업의 근간을 흔들고 경제 사회의 부조리를 야기하여 국제경제 질서까지 파괴하기 때문에 세계 각국에서는 밀수를 뿌리 뽑고자 혼신의 노력을 다하고 있다. 그래서 밀수로 적발되는 경우 단순히 밀수를 행한 자만 처벌하는 것이 아니라 밀수 행위를 교사한 자와 방조한 자 외에 밀수품을 취득하거나 양여, 운반, 보관한 경우에도 모두 처벌을 하게 된다.

그럼에도 불구하고 밀수범들은 국가간의 수입금지 품목을 밀거래 함으로써 막대한 소득을 올리고 끊임없이 시장 확대와 밀거래 품목의 다양화를 꾀하고 있다. 인기 있는 밀수품목으로는 마약류나 총기류, 위조지폐 등의 수입 금지품목을 들 수 있는데 이는 처벌이 중한 관계로 점점 지하 암거래 되어 은밀하게 이루어지고 있으며 규모가 크고 국제범죄조직과 연계되어 있는 경우들이 많은 특징을 가지고 있다.

여행자들이 가볍게 생각하여 입국 시 세금을 내지 않을 목적으로 시계나 보석 등의 고가품을 가방이나 신변 등에 숨기고 들어오다가 그것이 적발되는 경우 숨긴 물품은 국가에게 압수당하고 여행자는 징역이나 벌금 등의 처벌을 받게 된다. 그러므로 밀수범에 대한 처벌은 다른 어떤 법령의 처벌보다 가혹하리만치 중하며, 또한 적발 시 허위 주장이나 변명이 통하지 않는 특성을 갖고 있다. 왜냐하면 대부분 물품이 증거물로 존재하기 때문에 꼼짝없이 법에 의한 처벌을 당할 수밖에 없다.

 이런 법의 엄중한 처벌에도 불구하고 아직도 일부 여행자들은 조금이라도 세금을 내지 않을 목적으로 휴대품을 자진신고하지 않거나 물품을 숨기는 경우 그것은 국가에 대하여 부끄러운 죄를 짓고 있는 것이다. 포탈된 세액이 얼마인지 여부를 떠나 우리는 대한민국 국민의 한사람으로서 국민된 기본적인 도리를 다하는 것이 국민소득 2만 불 시대를 앞당기는 자랑스러운 민주시민이 될 수 있을 것이다.

⬇ 배낭 안, 옷 주머니 속에 은닉

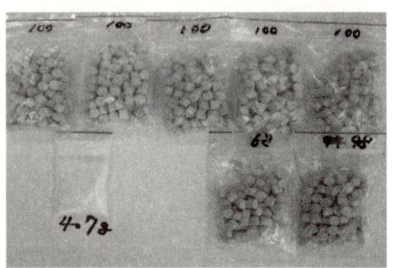

⬇ 땅콩버터 속에 은닉

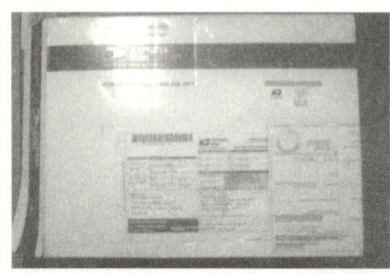

커피 봉지 속에 은닉

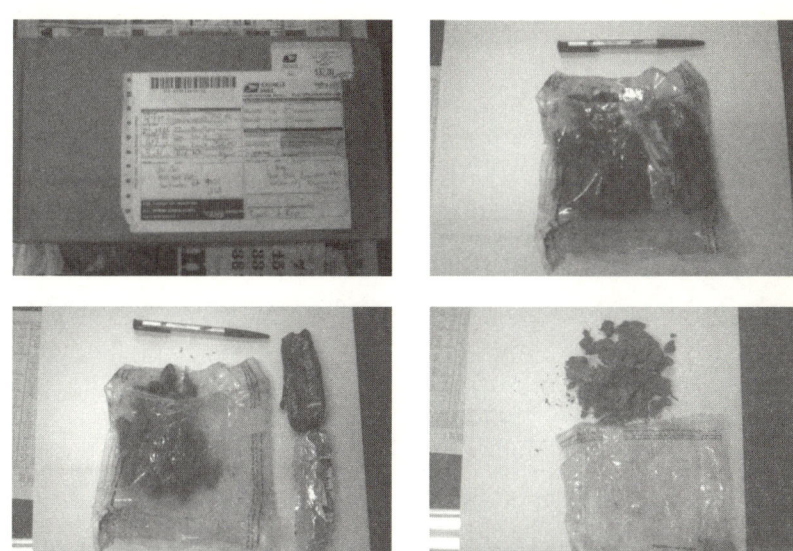

다양한 은닉 수법

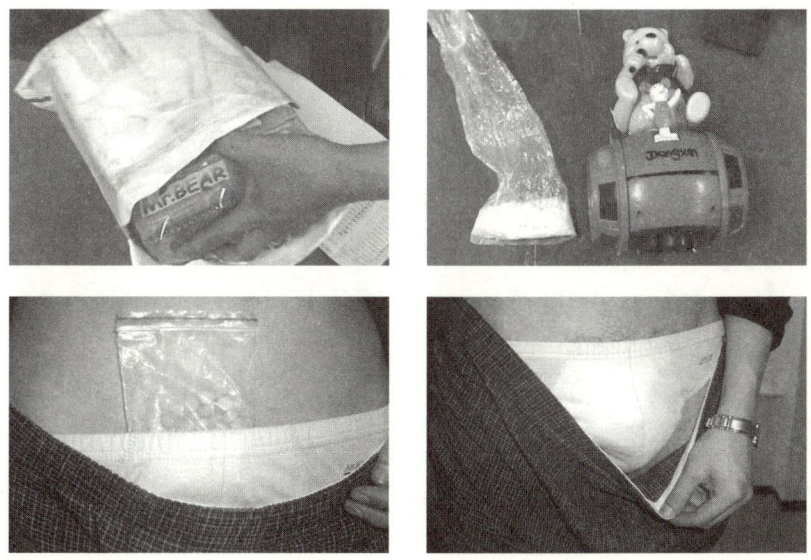

이런 사람을 보셨나요

혹시 이런 사람을 보셨나요? 말을 할 때 음성이 떨리고 얼굴 표정과 손발의 움직임이 부자연스럽고 잔뜩 긴장되어 있는 사람, 주위를 지나치게 살피면서 누구를 찾는 거동을 하는 사람, 부자연스런 걸음걸이로 검사장 내를 배회하거나 세관 통로 쪽을 향해 기웃거리는 사람, 동행 또는 일행인 여행자임에도 불구하고 각각 분산되어 다른 통로로 통과하려는 사람, 불필요한 의류를 착용하고 휴대품의 양을 많이 소지한 사람을 보셨나요?

세관직원의 안내를 꺼리거나 당황해하는 사람, 휴대용품을 X-ray 검색기에 투시할 때 두려운 표정을 짓는 사람, 짐에 부착된 세관표지를 제거하려 하는 등 휴대품에 과도하게 신경을 쓰는 사람, 필요 이상의 친절을 보이거나 고위층 인사, 상주직원 등을 잘 안다고 하면서 접촉하는 사람, 초조해하면서 화장실을 자주 드나들며 담배를 피우려고 하거나 식은 땀을 흘리며 서두르는 행동을 하는 사람, 휴대품을 분산하여 제3자에게 건네주고 각기 다른 통로를 이용하는 이런 사람이 있으면 신고를 하십시오.

적어도 이런 사람들은 우범성이 있다고 판단되기 때문에 휴대품검사를 실시하여 이상 유무를 확인하는 것이 좋기 때문이다. 사람이 아무 이유 없이 불안하고 음성이 떨리며 긴장되어 행동이 이상해지지는 않는 만큼 일단 의심의 대상이 되는 것이다. 사람들은 끊임없이 서로 의식하고 서로 영향을 받는 것이기에 자신의 행위가 부적절한 경우 이미 숨길 수 없도록 자연히 표정과 언행에 표출되어 지는 것이다.

보통의 여행자들은 외국에 나갔다가 입국을 할 때 별로 구입한 선물이 없음에도 입국절차를 밟는 과정에서 왠지 모르는 불안감이 드는 것이 일반적인 사람들의 심리인데 반하여 어떤 여행자는 눈 하나 깜

빡하지 않고 끝까지 결백을 주장하며 신고할 물품이 없다고 버티다가 은닉한 물품이 나오고서야 꼬리를 내리는 그런 모습은 얼마나 부끄럽고 비겁한 행위인가?

우리나라는 자진신고제도라는 제도 하에서 여행자 스스로에게 신고의 의무를 주고 있는데 이 제도에서 가장 중요한 것은 양심과 준법성이다. 그러나 이것은 하루아침에 이루어지지 않는 일이기에 우리 여행자들은 위와 같은 사람을 보시면 곧 바로 세관에 신고 국번 없이 이리로 : 125 를 하면 된다. 그것이 우리나라가 발전하는 길이며 우리 국민 모두가 함께 사는 길이다.

숨길 수 없는 몸과 옷

 사람들은 언제부터인가 옷으로 몸을 가리면서 비밀을 갖고자 하는 욕망을 가지게 되었다고 한다. 그것은 옷이라는 장식을 통하여 확보되는 공간 속에 자기만의 비밀을 은밀하게 숨기다보니 차츰 표정이 바뀌고 어느새 미소가 진실 되지 못하며 자꾸 태도가 불안해지기 시작한다. 그래서 옷을 입지 않은 동물에 비하여 옷을 입은 인간이 더 낫다고 말할 수 없는 비애를 갖게 된다는 것이다.

 공항에서도 간혹 여행자의 옷은 하나의 방패이고 무기이며 위선이고 기만의 도구가 된다. 여행자는 옷 속에 보이지 않는 몸을 이용하여 다양한 방법의 비밀을 만들며 그로인해 아름다운 옷이 밀수도구라는 포장과 부끄러운 남루가 되고 만다.

 밀수품을 신변에 은닉하기 위하여 복대를 만들어 가슴이나 복부, 허리, 팔뚝, 다리 등에 부착하거나 감는 방법이 주를 이루고 있다. 그리고 잠바 안감속이나 양복의 옷깃, 허리띠, 버클, 생리대 같은 것을 이용하기도 하고, 자신이 신고 있는 구두나 운동화의 밑창과 깔판 속,

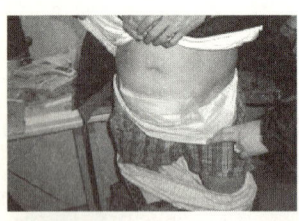
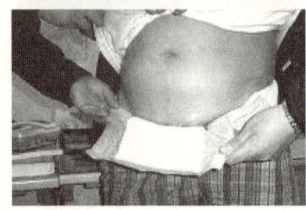
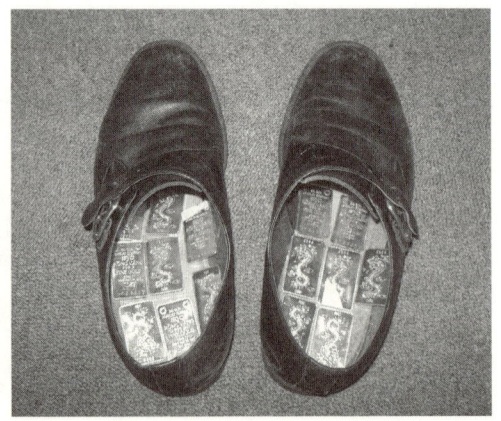

구두 뒤축에 숨기는 방법을 사용하기도 하며, 몸속 직장이나 질 내, 심지어는 삼켜서 뱃속에 은닉하기도 한다.

휴대품을 이용하여 숨기는 방법으로는 책 속이나 앨범 속에 넣거나 차가 들어 있는 통, 보석상자, 커피병, 꽃병, 술병, 주전자, 캔 종류 등의 빈 공간에 숨기기도 하며, 개 사료, 커피, 화장품, 과자 같은 알갱이의 입자 속에 같이 넣어 오기도 한다.

가방에는 이중창을 만들어 숨기기도 하고, 화장품케이스, 악기케이스, 골프가방 등을 이용하기도 한다. 장난감 인형이나 액자, 필름통, 지갑, 담뱃갑 같은 속 이외에도 보온병, 전기밥솥, 카세트, 드라이어 등 전자제품 속에 넣어서 반입을 하는 등 일단 눈으로만 보이지 않는 곳이면 잘 숨겨진다고 판단을 하고 있는 것이다.

그러나 외형적으로 보이지 않는다고 하여 그것이 완전하게 성공할 수 있으리라 믿는다면 그것은 아주 큰 오산이다. 일반 여행자의 눈에 띠지 않도록 사복을 한 노련한 세관 감시요원들이 오감을 동원하여 일거수일투족을 감시를 하고 있어 여행자들의 표정과 동작과 언행에서 숨길 수 없는 부자유스러움이 그들의 눈에 어렵지 않게 포착된다.

그리고 더욱 중요한 것은 X-ray 검색기에 의한 판독에서 여행자가 반입하는 짐을 여러 각도에서 입체 판독을 하기 때문에 성공할 확률은 거의 없으며, 전문적으로 여행자 정보를 분석하는 시스템 또한 아주 촘촘한 그물망이어서 그곳을 빠져나가기란 낙타가 바늘구멍 빠져나가기 정도라고 생각하면 될 것이다.

우리는 옷을 입음으로서 문화인이 되지만 아름다운 옷 속에 양심을 숨김으로서 슬픈 죄인의 옷을 입고 감옥의 슬픈 몸이 되어야 하는 그런 어리석고 후회할 일이 생기지 않기를 바라게 되는 것이다.

이름을 도둑질한 가짜

"**문**학을 모방"이라고 아리스토텔레스가 말했지만 이것은 비단 문학의 부분에만 국한되지 않고 세상의 많은 것들이 모방을 통해서 이루어지고 있는 그런 세상에 우리가 살고 있다. 이미 책이나 체험 등을 통하여 학습되어진 바탕 위에서 생각되고 만들어지는 것에 대하여 진정한 의미의 창조나 창작으로 평가하기가 어렵다고 볼 때 이 세상에는 모방이 아닌 것은 아무 것도 존재할 수 없다고 볼 수도 있다.

하지만 누가 보아도 모방이라는 것이 너무도 명백하게 보이는데도 가짜가 오히려 진짜인양 판을 치고 행세를 하는 심각한 일들이 일어나고 있어 문제로 대두되고 있다. 가짜에 있어서 그 종류는 사회 전반에 걸쳐서 너무 많고 다양하다.

가짜의사, 가짜학위, 가짜신분증, 가짜머리, 가짜참기름, 가짜지폐, 가짜상품 등 꼽을 수 없이 많이 있다는 것은 그만큼 세상이 불신풍조가 만연되고 진실한 내면보다는 외형의 아름다움이 더 선호되는 왜곡된 가치관 때문이다. 다행히 지금까지 명품과 관련하여 모조품을 가장 잘 만드는 나라라는 오명을 가졌던 우리나라가 이제는 그 자리를 중국에 물려주었다는 것만을 기뻐할 수 없으며 아직도 국내에는 위조상표가 가짜 아닌 진짜로 둔갑하여 소비자에게 팔려나가고 있는 게 현실이다.

일부 젊은이들 중에는 모방욕구와 허영심 때문에 아무 죄의식 없이 가짜 명품을 구입하여 사용하고 있는데 이는 남의 독창성을 도둑질하는 데 협조한 장물아비가 된다는 점을 깨달아야만 한다. 가짜 상품으로 몸을 치장하고 다닌다고 신분이 상승되거나 인격이 올라가는 것이 아니며, 사람은 자기 분수에 맞는 진짜로 치장을 하였을 때 자신을 훨씬 더 돋보이게 할 수 있는 것이다.

중국에서는 가짜 달걀이 만들어져 나오는가 하면 우리나라 상표인 삼성과 박카스 등을 도용한 제품들이 마구 쏟아져 나오고 있다. 이렇게 무차별적인 베끼기의 신화는 계속되고 있지만 현명한 소비자들이 이런 절도범들을 결코 용서하지 않을 것이라 생각한다.

가짜의류와 가방, 벨트, 손목시계 등 진짜가 아닌 물품은 통관이 불가능하고 법에 의한 조사 등을 받게 된다. 해외여행을 마치고 입국하면서 가짜를 사가지고 들어오려다 진짜 망신을 당하는 일이 발생하지 않도록 우리 스스로 진짜 100% 순수한 참 여행자가 되었으면 하는 바람이다.

초콜릿이 보석이 되기도 한다

우리가 밝은 곳에서 사물을 보는 것과 어두운 곳에서 보는 것이 달라 보이고, 물속에서 보는 것이나 X-ray검색기를 통해서 보는 것이 매우 달라 보인다. 사물을 보는 눈은 동일하지만 사물이 위치하고 있는 환경과 그 변화에 따라 많은 차이를 보이기도 한다.

예를 들어 금속성 젓가락 하나를 두고도 밝은 곳에서 보면 그냥 단단한 느낌의 물체로 보일 것이다. 그러나 어두운 곳에서 보면 조금 더 검게 보일 것이며, 물속에 넣어서 보는 경우 더 크거나 굽어보이기도 할 것이고, X-ray검색기를 통해서 보면 그저 검은 막대기 하나 정도로 보일 것이다.

이것은 어쩌면 사람의 마음과도 비교 될 수가 있다. 하나의 사물을 두고도 사람마다 각각 다른 시각을 갖고, 다른 감정을 표현해 내기 때문에 인간으로서의 개성과 차별성과 존엄성을 갖게 되는 것이다. 그래서 60억 인류가 똑같은 사람이 존재하지 않으며, 동일한 일을 하여도 그 결과는 각각 다를 뿐 아니라 이 세상에 단하나 뿐인 자기만의 인격을 갖게 되는 것이다. 이렇게 다르게 인식되고 판단되는 갖가지 상황을 정확한 정답으로 풀어내야 하는 사람들은 보통 사람들보다 또 다른 특별함을 갖는다.

X-ray검색기를 판독하는 판독요원들의 눈은 남다르다. 한 순간의 포착과 직관과 상상력이 신속하게 하나의 판단으로 이어지기까지 보다 숙련된 테크닉과 동물적인 감각이 요구된다. 모니터 상에 나타나는 것이 드라마와 같은 스토리로 이어지는 것이 아니라 다양한 형태와 여러 가지 색깔, 농도, 명암과 질감 등을 보고 실제의 물품을 추측하여 정확한 판독해 낼 때 보다 유능한 X-ray판독요원으로 평가를 받는 것이다.

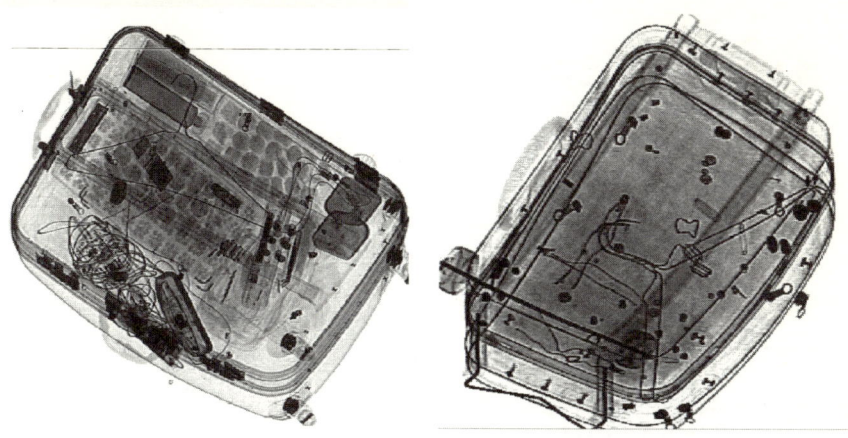

　그러나, X-ray판독 요원들이 아무리 탁월한 감각을 발휘하여도 여행자의 짐을 판독하는 과정에서 실수라는 것이 없을 수 없다. 초콜릿볼의 경우에는 그것이 마치 보석처럼 보이기도 하고, 공구박스에 들어 있는 각종 도구들이 분해 된 권총이나 실탄의 형태로 보일 수 있으며, 여행자가 물리치료의 목적으로 사용하던 모래팩이 보석이나 다른 특별한 물질로 보일 수도 있는 것이다.

　어떤 여행자들은 이러한 판독결과에 아주 민감하게 반응하며 화를 내기도 한다. 그렇지만 누가 판독을 하더라도 인간의 능력은 거기 까지가 한계이다.

　초콜릿이 보석으로 판독되어 검사를 받게 될 때 그럴 수도 있구나 하는 이해와 아량이 필요한 것이다. 초콜릿이 보석으로도 보이는 것처럼 우리 마음들이 보석으로도 보이도록 우리 스스로 아름다운 눈으로 빛나는 세상을 열어가는 주인이 되었으면 한다.

몸에서 소리 나는 사람들

문형 금속 탐지기는 여행자들이 지나가는 통로에 설치되어 있다. 대문의 문틀처럼 생긴 탐지기의 안쪽 좌우 상 하단에 금속을 감지하는 센서가 달려있어 여행자들이 문으로 통과하는 순간 소리가 나도록 되어 있다.

이 금속 탐지기를 통과할 때는 신변에 소지한 금속성 물품을 모두 꺼내놓고 통과하여야 소리가 나지 않는다. 문형 탐지기를 통과하면 검색요원이 휴대용 금속탐지기로 재차 신변 검색을 하는데 그만큼 철저한 검색을 위하여 이중으로 정밀검색을 실시하는 것이다.

이렇게 문형 탐지기 검사를 하는 목적은 여행자가 신변에 은닉한 금속성 물품이 있는지 여부에 대한 것이다. 권총이나 실탄 또는 폭발물 뇌관 같은 것은 대부분 금속성 물질로 제작되어 있으므로 테러범들이 이런 위해물품을 신변에 은닉하여 반입한 후 이를 테러에 이용하려는 것을 차단하고자 하는 것이며, 항공기 테러방지를 위하여 출국을 할 때 보다 까다로운 보안 검색을 하고 있다.

보통 여행자들이 신변에 소지하고 있는 물품으로는 안경, 시계, 목걸이, 귀걸이, 팔찌, 반지, 혁대와 구두, 옷에 부착된 장식 등이 이에 해당한다. 그러나 어떤 여행자는 휴대한 금속성을 모두 꺼내놓고 통과하는 데도 계속 소리가 나는 경우가 있다.

보통의 상식으로는 잘 이해가 되지 않을 만큼 이상하여 몇 번을 통과시켜도 보지만 그 의문은 풀리지 않는다. 그렇다고 기계가 고장이 나지 않는 한 거짓말을 하지 않기에 무엇인가 이상한 예감이 들기도 한다.

이런 과정에서 신발과 혁대까지 풀고 통과를 시키는 등 소란을 피우다가 결국 나중에 밝혀진 것은 여행자가 교통사고를 당해 다리에 철심을 박았다는 것으로 싱겁게 결론이 내려지는 예상 밖의 일이 벌어지기도 한다.

어떤 경우에는 소리 나는 그 원인을 몰라 문형 탐지기 검색을 몇 번 반복하다가 나중에 확인된 것은 전혀 뜻밖이었다. 여행자의 금이빨이나 머리핀에서도 소리가 난다는 것을 몰랐던 것이다.

이렇게 하여도 원인이 밝혀지지 않으면 몸속 깊은 곳에 은닉할 수도 있을 것이라는 생각을 하게 된다. 이때에는 의자처럼 특수 제작한 의자형 금속 탐지기를 활용하게 된다.

의자 밑에 센서가 부착되어 있어 그 의자에 사람이 앉기만 하면 항문이나 질 속에 금괴 같은 금속성을 숨겼는지 직접 옷을 벗겨보지 않아도 금방 확인이 가능하다. 아무튼 몸에서 소리 나는 사람들은 문형 탐지기 앞에서는 우범성이 있는 것으로 보이므로 이점을 유의하여야 한다.

살 빼는 약도 마약이다

제2차 세계대전 중 독일 공군이 런던을 공습할 때 조종사의 졸음을 막기 위해 마약 종류인 벤제드린을 사용한 것이 유행처럼 번져 일본군과 미군도 군인들의 공포심을 제거하기 위해 히로뽕을 먹이는 사태까지 벌어진 일들은 전쟁에 마약을 이용한 최초의 사례로 전해지고 있다.

그렇지만 세계 각국들은 마약이 계속적으로 사용되도록 방치하지 않았고 국제아편조약 체결이후 마약사범은 국제적인 범죄로 간주되어 엄벌되고 있다. 하지만 우리나라도 마약사범이 연간 1만 명 이상을 상회하고 있고 향락풍조가 고개를 들면서 연예인등 일부 계층에만 국한되던 마약이 회사원, 가정주부, 청소년 등 전 계층으로 확대되고 있다는 점에서 마약 퇴치를 위한 우리들의 노력이 더욱 필요한 것이다.

국가에서는 마약대사를 임명하여 마약의 해악성을 홍보하는가 하면, 공항에는 마약 단속을 위한 전문 수사관들이 국내외 정보 수집은 물론 첨단 수사기법을 동원하여 마약단속에 힘을 쏟고 있다. X-ray 검색기로 메스암페타민이나 MDMA를 잡아내는가 하면 탐지견이 냄새로 마약을 적발하고 여행자의 행동이나 태도의 감시나 정보생산을 통하여 마약사범을 잡아내는 등 많은 적발 실적을 올리고 있다.

마약의 종류에는 천연마약인 아편, 모르핀, 헤로인, 코카인이 있고, 합성마약으로 메사돈, 염산페치딘이 있다. 향정신성 의약품으로는 메스암페타민 히로뽕, 바르비탈, LSD가 있을 뿐만 아니라 이외에도 요요, MDMA, YABA, GHB 물뽕, 펜플루라민 등이 있다.

마약은 투약 시 도취감, 흥분, 정신혼돈, 환각, 환시, 환청, 피해망상, 등의 증상과 더불어 시각장애, 구토, 발진, 쇼크, 현기증, 혼수 등의 금단 증상이 워낙 극심하여 결국 그 후유증을 극복하지 못하고 사

망에 까지 이르게 되는 지극히 금지된 약품이다. 물론 마약이 강력한 진통작용이 있어 그것을 감기약 등의 의료행위에 사용하기도 하지만 의약품으로서 극히 제한적으로 사용에 불과한 것이다.

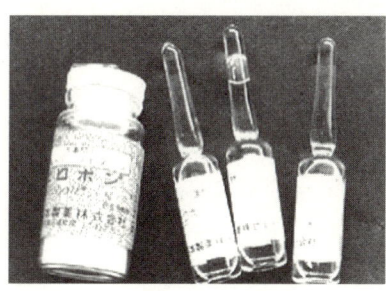

이런 마약에 대하여 우리는 기본적인 지식을 갖추는 것이 필요하지만 어떤 여행자들은 해외에 나가 식견이 부족하여 '살 빼는 약'이라는 유혹에 넘어가고 만다. 그래서 살 빼는 약이라고 불리는 '펜플루라민'을 살 빼는 데 효과가 있는 줄 알고 사가지고 들어오다가 마약사범으로 구속되는 일이 벌어지고 있으니 이 얼마나 안타까운 노릇인가? 살 빼는 일이라면 마약을 먹는 일도 서슴지 않는다는 건 정말 말이 되지 않기 때문이다.

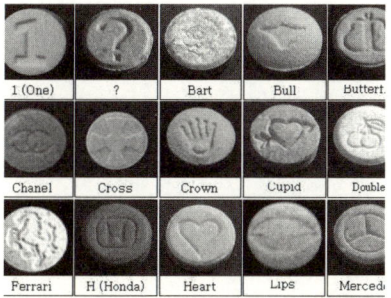

마약은 비밀이 통하지 않는다

최근 밀수품목으로 가장 인기가 있는 것은 마약이다. 왜냐하면 마약의 경우 세계 거의 모든 나라들이 금지품목으로 정하고 있어 마약을 밀수입하는 경우 엄청난 수익이 창출되기 때문이다.

마약은 대부분 국제적인 조직에 의해서 움직이고 있다. 이태리의 Cosa Nostra, 콜롬비아의 Medellin Cartel, 나이지리아 마피아, 일본의 야쿠자, 중국의 삼합회, 대만의 죽련방 등과 연계하여 마약, 총기 밀매, 자금세탁, 도박장 경영 등을 하면서 막강한 세력을 키워가고 있다.

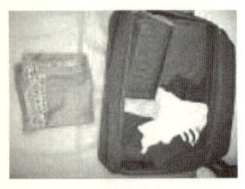

워낙 방대한 조직일 뿐 아니라 조직적으로 움직이고 있어 지구상에서 이들을 일망타진하여 멸하기는 불가능한 일이다. 이들이 1년간 거래하여 벌어들이는 수입액만도 약 5,000억 달러 정도로 전 세계 무역총액의 10%정도에 육박하고 있다.

마약은 세계 어느 나라에서나 생산되는 것이 아니라 몇 개의 권역으로 나누어져 있으며 단속을 기피하기 위해 국경접경의 삼각지대를 이루고 있다. '황금의 삼각지대'는 미얀마, 라오스, 태국의 접경지역에 위치하여 전 세계 아편과 헤로인의 60~70%를 생산하고 있으며, '황금의 초승달지대'는 아프가니스탄과 파키스탄, 이란의 접경지역으로 아편을 생산하면서 유럽 압수량의 75%정도가 이곳에서 나온다.

그리고 '코카인 트라이 앵글지역'은 콜롬비아, 페루, 볼리비아 접경지대에 위치하면서 전 세계 코카인의 98%를 생산하고 있다. '신흥

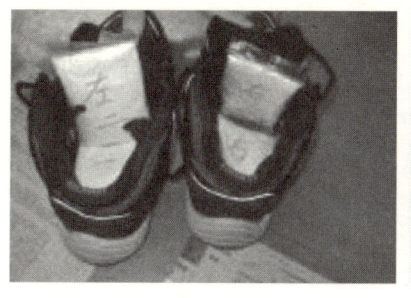
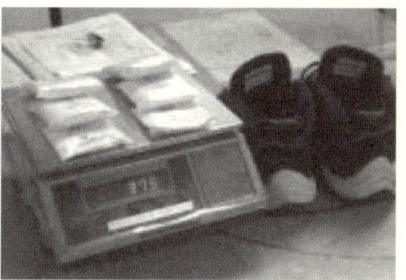

삼각지대'는 중앙아시아의 키르기스, 카자흐, 타지크의 접경지역으로 이곳은 근래에 새로운 마약생산지로 떠오르고 있는데, 키르기스 남부 오슈지방에는 주민 4백만 명이 마약생산 및 밀매를 하고 있다. 이렇게 마약 생산이 늘어나고 있는 것은 그만큼 수요가 있기 때문이며 그 수요가 전 세계적으로 점점 확산 되는 추세를 보이고 있다.

그렇지만 마약은 가정과 사회를 파괴하고 살인과 강간 등의 강력범죄를 증가시키며 AIDS같은 병을 전염시키는 등의 심각한 폐해가 발생되고 있음에도 도처에서 암암리에서 마약을 투여하고 있다.

마약은 한번 투여하면 소변검사에서는 3~4일 정도까지만 양성반응을 보이지만 모발검사의 경우 6월~1년 정도까지도 양성반응을 보이게 된다. 이 때문에 휴대하고 우리나라 공항을 무사하게 출입국하기란 결코 쉽지 않으며, 아무리 점조직으로 움직이면서 지하조직으로 이끌어 간다고 하더라도 이 세상에는 절대 비밀이 통하지 않는다는 것을 알아야 한다.

콘돔을 먹는 사람들

이 지구상에는 아직도 사람들이 손을 잘 쓰지 못하는 무서운 병들이 돌고 있다. 예전부터 그 병이 있었는지 아니면 있어도 그 병의 존재를 몰랐는지 모르지만 어쨌건 AIDS 같은 병은 사람들에게 많은 위협이 되고 있다. AIDS를 인간들의 무질서하고 타락해 가는 성적 문란을 징계하는 메시지로 받아들이며 그 예방을 위한 캠페인과 함께 콘돔 사용을 권장하는 홍보가 이어지고 있다.

콘돔은 부드러운 질감에 풍선과 같이 신축성이 있는 특징을 가지고 있어 밀수를 꾀하는 여행자들이 이용하기도 한다. 콘돔 속에다 금괴나 마약을 넣은 다음 그것을 몸속에 은닉하는 것이다. 이들은 보통 몸의 외부에 숨기는 것이 아니라 몸의 내부에 은닉을 하는데 주로 항문이나 질, 심지어는 입속으로 삼키는 일을 자행하고 있다.

출발지에서 비행기를 탈 때 그것을 은닉하기란 어렵다. 왜냐하면 너무 장시간 동안 그것을 몸에 삽입하고 있거나 삼키고 있기란 매우 어렵기 때문이다. 그들은 비행기 착륙 직전 화장실로 들어가서 밀수품이 든 콘돔을 몸에 숨기며, 콘돔 끝부분은 실로 꼬리를 만들어 두어 나중에 꺼내기 좋도록 한다. 사람의 몸이 물품을 은닉하거나 포장하는 하나의 밀수도구로 전락하는 순간이다.

이렇게 몸을 밀수도구로 파는 사람들을 일명 '지게꾼'이라고 한다. 이 지게꾼들은 밀수범들에 의해 매수가 되는 데 1회당 받는 돈의 금액은 우리가 생각하는 것보다 훨씬 적은 몇 십만 원 정도에 불과하다.

몸에 숨겨올 수 있는 양의 한계가 있으며 그 일이 성공했을 때에도 지게꾼에게 돌아가는 몫은 이익의 극히 적은 부분에 해당한다.

이렇게 콘돔을 이용한 밀수는 매우 위험하다. 콘돔은 고무 성분으로 되어 있고 아주 얇기 때문에 그것을 삼키면 위에서 위산이 나와 고무를 녹이기 때문이다. 얼마 전 외국인 여행자 한사람이 입국 직전 기내에서 사망하는 사고가 발생하였는데 사인은 콘돔에다 마약을 넣은 것을 삼킨 것이 몸속에서 녹아 즉사한 것으로 밝혀졌다.

여행자가 콘돔을 항문이나 질속에 넣고 입국하는 경우 걸음걸이가 매우 어색하고 표정이 불안하여 쉽게 적발이 되며, 그것을 삼키는 경우에는 죽음에 이르는 무모한 장난임을 알아야 한다. 어디까지나 금괴로는 금반지를 만들고 마약으로는 감기약을 만드는 것이 지극히 정상이듯 앞으로 콘돔도 AIDS 예방 같은 본래의 용도에만 사용한다면 별다른 문제가 발생하지 않을 것이다.

냄새나는 돌

"**황**금 보기를 돌같이 하라"는 최영 장군의 말이 있다. 그것은 재물에 눈이 어두워지는 것을 경계한 말로 오늘날 우리 주변에서 일어나고 있는 여러 가지 사건들은 대개 황금을 돌같이 보지 않고 황금만능주의를 최고의 가치로 보기 때문이다.

그동안 금은 오랜 역사 속에서도 변함없이 그 가치를 지녀왔고 오늘날까지 세상의 어떤 물품보다도 불변의 소중한 가치를 갖고 있다. 결혼을 할 때도 금은 필수적인 예물이다. 금으로 된 귀걸이나 반지와 목걸이, 팔찌, 시계 등을 보면 신랑 신부의 신분과 지위를 파악할 수 있을 정도로 좋아하고 있지만 우리나라에서 생산되는 소량의 금으로는 그 수요를 충당할 수 없다.

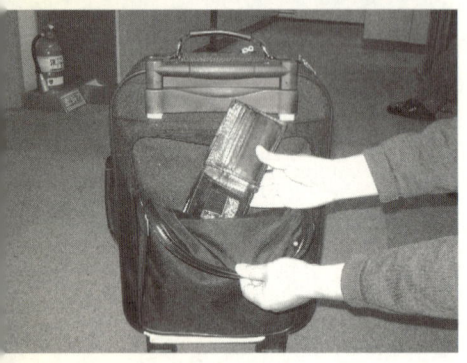

수요가 있으면 어떤 방법으로건 공급이 되기 마련이다. 이런 공급이 국내에서 행해지는 것이 아니라 외국에서 밀반입되는 루트가 가동되는 데 그것이 금괴밀수이다.

금괴밀수는 대량인 경우 소형선박을 이용하거나 일반 수입물품의 기계내부 빈 공간을 이용하여 수입화물로 위장하는 밀수가 이루어지기도 한다. 하지만 소량인 경우에는 여행자의 신변이나 신발 밑창, 가방 테두리 혹은 손잡이 같은 곳에 홈을 파 은닉하는 수법을 이용하고 있다.

대형밀수는 규모가 크기 때문에 자금책이나 운반책 판매책 등의 역할 분담에서 문제가 생기는 경우들이 많으며 생각보다는 우리나라의 사회적인 시스템이 완전한 밀수가 성공되도록 그렇게 쉽사리 방치하지는 않는다.

금은 녹여서 금 거북이도 만들고 금송아지도 만들 수 있는 등 용해가 가능하기 때문에 단속에 어려움이 있기는 하지만 근자에는 고도의 선진 수사기법을 동원하여 밀수자금의 흐름이나 자금세탁을 한 정황 등을 포착하여 대형 금괴 밀수 사건을 적발하는 개가를 올리고 있다.

반면 소형 밀수는 대개 과학검색장비에 의하여 쉽게 적발되기 때문에 더 은밀하게 숨기기 위해 여행자의 짐보다 항문 등 몸속 은밀한 곳에 숨겨오는 방법을 선택하게 된다.

여행자가 문형금속 탐지기를 통과하면서 소리가 나면 재 검색을 실시하고 그래도 소리가 계속나면 정밀 검색을 실시한다. 의자형 금속탐지기 등으로 정밀검색을 하여도 계속 소리가 나고 여행자가 끝까지 아무것도 없다고 주장하면 그 다음에는 여행자를 병원으로 이송을 하게 된다.

결국 항문 속에 금괴를 숨긴 여행자를 구급차에 태워 병원으로 후송하여 X-ray촬영을 해보면 검게 보이는 금괴뭉치를 확인할 수 있다. 항문에서 꺼낸 냄새나는 뭉치속의 금괴는 밀수 사건의 증거물이며 압수물품이다.

이것을 물로 몇 번이고 씻고 씻어도 구린 냄새는 영 가시지 않는다. 색깔도 비슷한 냄새나는 금괴는 아무리 씻어도 흰 돌이 아닌 네모난 누런 돌이다. 금괴 보기를 돌같이 보지 않으면 우리는 역겨운 그 냄새에 계속하여 토악질을 하게 되므로 그것을 황금으로 보지 않는다.

개들의 행진

입국검사장에 심심하지 않게 개들이 출몰한다. 주로 동남아 권역에서 출발하는 비행기 입항 시 조련사와 함께 나타나서 입국장으로 내려오는 여행자의 짐에 냄새를 맡는다.

탐지견이라고 불리는 이 개들은 냄새로 마약이나 폭발물 같은 것을 찾아낸다. 탐지견은 마약탐지견과 폭발물탐지견, 동·식물검역견이 입국장 등에서 활동을 하고 있다.

이 개들은 다른 개들과는 달리 머리가 매우 영리할 뿐 아니라 후각이 뛰어난 우량종으로 어려운 훈련과정을 거쳐 엄선된 탐지견들이다. 귀하신 몸으로 대접을 받는 만큼 그에 따르는 고된 훈련도 받고 있다.

탐지견의 훈련은 대개 보상효과를 이용하는 훈련이다. 훈련용 마약이나 폭발물을 개에게 먼저 냄새 맡게 하고 이것을 다시 가방 등에 은닉하여 냄새로 찾게 한다. 이 과정에서 제대로 냄새를 찾아내는 경우 개가 가장 좋아하는 것으로 보상해 준다.

여기에서 보상에 사용되는 것으로는 공, 수건뭉치, 개껌 등인데 개에 따라서는 좋아하는 것이 다를 수 있다. 그러나 개들도 연속해서 냄새를 맡을 수가 없기 때문에 하루에도 일정시간에 한하여 실전에 투입하고 있다.

탐지과정에서 보통 검역대상 물품은 여행자가 숨겨가지고 오는 경우가 거의 없으므로 아무래도 탐지견들이 적발하기가 쉽다. 그러나 마약이나 폭발물 같은 종류는 여행자가 철저하게 밀봉을 하거나 깊이 은닉하기 때문에 그것을 냄새로 찾아낸다는 것은 매우 어려운 것이다. 가방 깊이 숨어 있는 냄새를 순식간에 얼마나 빠르고 정확하게 맡느냐가 성패를 좌우하지만 탐지견에 의한 마약적발 실적은 늘어만 가고 있다.

이러한 탐지견은 조련사에 의해 잘 훈련된 개들로 여행자들을 보고

짖거나 물지 않는다. 그러므로 입국장에서 탐지견을 만났을 때 무서워 할 필요도 없고 그렇다고 귀엽다고 하여 쓰다듬어 주거나 하면 임무수행에 지장을 초래하기 때문에 그냥 스쳐지나가는 행인 정도로 보면 된다.

  앞으로 어쩌면 전자코가 개발되어 실용화 될 수도 있다는 데, 그것은 마약이나 화약류 등의 냄새를 칩에다 입력시켜 두고 센서를 부착하여 그 냄새에 반응하는 원리를 이용한 기기를 만든다면 과연 그 기기가 탐지견보다 나은 결과를 가져올지 많은 의문이 든다. 항상 이론과 실제는 상당한 괴리가 있으며 아직까지 실용화되지 않은 이론에 불과하다.

  이렇게 개들은 코를 이용하여 냄새를 잘 맡지만 사람들은 눈으로 우범여행자를 신출귀몰하게 찾아내는 것을 비교해 보면 아무래도 사람이 이 세상을 지배하는 데는 이해할만한 상당한 이유가 있음을 알 수 있다.

가짜 반지

요즘은 신혼여행을 거의 해외로 가는 시대이지만 예전에는 국내여행이 대다수였고 그 중에서도 사정이 넉넉한 사람들만 제주도로 신혼여행을 가는 정도였다. 그러나 그때도 소수에 해당하기는 했지만 해외로 신혼여행을 떠나는 사람들이 있었는데 이 경우 신부는 공항에 미리 나와 세관에 자신이 가지고 있는 고급 패물들을 신고하는 절차를 밟아야만 했다.

그 신혼 부부가 출국하였다가 해외여행을 마치고 입국을 할 때 자기가 휴대하고 있는 패물에 대하여 출국 시 세관에 신고했던 물품이라는 입증을 하여야 했기 때문이다. 그래서 출국장에 근무하는 직원들은 이런 여행자를 위하여 정량저울과 보석 감정기 등을 사용하여 휴대 반출하는 물품을 정확하게 검사한 후 신고서를 발급해주는 업무를 수행하고 있었다.

이때 많이 신고하던 종류로는 손목시계와 보석반지, 금목걸이와 팔찌 같은 것들이 주를 이루었다. 큰 단추만한 다이아몬드나 진주 같은 보석반지에 수 천만 원짜리 금장 고급시계를 자랑스럽게 차고 있는 여행자들의 면면이 매우 품위 있고 행복한 표정으로 보이기도 했다.

그러나 지금도 가짜가 많이 유통되고 있지만 그때도 여전히 가짜가 유통되고 있던 건 마찬가지였다. 그런데 신혼여행을 떠나는 신부의 패물을 신고하여 그것을 감정하는 과정에서 가짜가 발견되었다고 생각하여 보라. 검사직원은 사실을 사실대로 밖에 증명해 줄 수 밖에 없는 일이지만 이에 대해 여행자는 얼마나 충격적이고 큰 상처를 받겠는가?

손가락에 끼어져 영롱한 빛을 발하고 있는 것처럼 보이는 다이아반지가 가짜라고 할 때 신부는 아연실색하여 까무러치는 광경이 벌어질 수밖에 없는 것이다. 평생을 약속한 사람이 영원한 사랑의 정표로 준 그것이 가짜라면 두 사람의 사랑에 대한 신뢰도 일시에 다 무너져버리는 것이 아니겠는가?

신혼여행도 가기 전에 울음바다가 된 공항 출국장에서 이를 가슴 아프게 지켜보는 검사직원들은 가짜 반지로 평생의 반려자인 신부를 속이려 한 신랑이 너무 야속하다는 생각들을 하였다.

사랑은 다이아반지와 금장시계가 중요한 것이 아니라 은반지 한 돈에 배꼽시계뿐이라면 어떤가? 진실이 바탕 되지 않는 사랑은 이 세상에서 가짜 반지처럼 영원히 빛을 잃어 갈 뿐이다.

시중에 보세품은 없다

도시 주변에서 물품을 싸게 처분하는 곳에 가보면 보세품이라는 현수막을 걸고 의류, 신발 등 여러 가지 물건을 판매하는 것을 볼 수 있다. 보세라는 단어를 사용하여 물건이 외제라는 의미와 세금을 내지 않았다는 의미를 동시에 주고 있어 한번쯤 우리들의 눈길을 끌게 한다.

그러나 보세품이라는 말을 엄밀히 따져보면 그 내용은 달라진다. 보세품이라는 말은 관세가 유보된 상태의 물품을 말한다. 이 경우 세금을 내지 않고 판매하는 물품을 말하게 되지만, 정상적으로 면세를 받지 않은 물품을 판매한다면 그것은 곧 밀수행위가 되며, 만일 적법하게 면세를 받았다고 하더라도 그 물품은 보세품이 아니라 면세품이라고 불러야 맞기 때문이다.

그렇게 되면 그들이 팔고 있는 물품은 내국물품이므로 세관에서 단속할 수 있는 대상이 아니다. 소비자 보호차원에서 경찰이 단속을 하거나 아니면 선량한 소비자들이 보세라는 말에 현혹되어 물건을 사는 일이 없도록 하여야 할 것이다.

그러나 여행자가 입국하면서 진짜 보세품이 발생하기도 한다. 그것은 여행자가 휴대 반입하는 물품 중 국내로 반입할 의사가 없는 경우 검사 직원에게 예치를 신청하게 된다. 예치는 세금을 내야하는 물품을 불필요하게 국내로 반입하지 않고 다시 외국으로 반출할 경우 이용하는 제도로서 여행자의 구두 신청에 의하여 처리를 해 주고 있다

이 제도는 여행자가 반입한 물품을 보세창고에 일시 보관하였다가 여행자가 출국할 때 다시 찾아 가는 제도이다. 이 제도는 여행자에게 편의를 제공하고자 함에 목적이 있는 것으로, 이때 예치한 물품이 곧 관세가 유보된 보세물품이 되는 것이다.

이런 보세물품을 일반인에게 아무 제한 없이 판매한다는 것은 기본적으로 말이 되지 않으며, 어떤 상인들의 경우에는 수입면장 사본을 보여주면서 보세품이라고 말하지만 그것은 보세품이 아닌 단지 통관된 외제물품에 불과한 것이다.

예치물품은 우리가 지하철역이나 백화점과 대형 할인매장 같은 곳에 쇼핑을 하러 들어갈 때 물품을 보관하는 것이나 다름없다. 들고 다니는 불편 보다는 소액의 보관료를 지불하고 물품을 보관하였다가 나중에 다시 찾아가는 것과 별반 차이가 없다.

그렇지만 이렇게 여행자 편의를 위한 예치제도이지만 여행자가 검사를 받기 위해 휴대품을 검사대 위에 올려놓은 후 통관이 안 된다는 것을 알고 예치를 신청하는 경우에는 이를 허용을 해 주지 않는 데, 결국 성실하게 신고를 하지 않는 우범성이 있는 여행자는 이러한 혜택을 박탈하는 것으로 보면 될 것이다.

우리는 무형문화재

　보 제1호가 무엇이냐고 물으면 우리나라 국민 대다수는 서울에 있는 숭례문이라고 대답을 한다. 좀더 수준이 있는 국민들은 제2호는 종로 원각사지10층 석탑, 제3호는 북한산 신라진흥왕순수비 정도는 알고 있다.

　그만큼 우리나라 국민들은 문화에 대한 관심과 인식이 매우 높은 편이라고 할 수 있다. 보통 어느 집에 가더라도 도자기 한점 없는 집이 없고, 붓과 연적과 벼루가 있으며, 집집마다 족보 한권 없는 집이 없으니 소위 양반이며 문화민족이라고 자부할 수 있다고 생각한다.

　문화재란 유형문화재와 무형문화재로 나누어지는 데 무형문화재의 경우에는 다른 나라로 밀반출해 갈 수가 없지만 유형문화재의 경우에는 이를 지키고 관리하기 위하여 문화재청 등에서 많은 예산과 노력을 쏟고 있다. 문화재는 역사적 또는 예술적 가치가 큰 것과 이에 준하는 고고자료 등을 말하는 데 건조물, 서적, 고문서, 회화, 조각, 공예품 등이 이에 해당된다.

　위와 같은 물품을 반입하는 경우에는 우선 제작년도를 따지게 된다. 왜냐하면 제작 후 100년이 지난 것은 골동품으로 분류되어 관세가 없기 때문이다. 그러나 제작년도를 입증한다는 것이 그리 쉽지 않으며, 경매 관련서류를 제시하거나 기타 객관적인 서류로 이를 증명하면 된다. 이외에 물품의 가격을 따지기도 하지만 그보다는 일단 국내로 반입하는 문화재에 대하여는 자세히 출처를 따지거나 반입을 크게 제한하지 않는 편이다.

　그렇지만 반대로 해외로 반출되는 문화재 관련 물품에 대하여는 철저한 검사와 감정을 하고 있다. 출국하는 여행자의 수하물에 대하여 X-ray검색을 실시하면서 총기류와 외화는 물론 우리나라의 소중한 문화재가 해외로 밀반출되는 것을 막기 위해 문화재의 적발에도 팽팽하게 긴장을 늦추지 않고 있다.

공항에는 문화재감정관이 직접 상주하면서 여행자들의 짐에서 발견되는 문화재 관련 물품들의 진위여부에 대한 감정 업무를 담당하고 있다. 도자기, 고문서, 현판 등에 새긴 주련 柱聯, 회화나 조각, 공예품, 칼, 창, 방패, 밥공기, 수저 등을 감정하고 있으며, 이들은 월 500건 정도를 처리하고 있다.

그러므로 인사동 골동품상에서 이러한 물품을 구입하는 경우나 이민을 가면서 이와 유사한 물품이 있어 미심쩍은 경우에는 미리 3층에 있는 문화재 감정관실에서 감정을 받아두는 것이 출국에 지장을 초래하지 않는다.

아직도 해외로 반출된 많은 우리 문화재가 되돌아오지 못하고 있는 것을 안타깝게 지켜보면서 문화재의 관리가 얼마나 소중한지를 재확인할 수 있다. 그러므로 우리 함께 문화재를 잘 지켜야 한다는 마음을 가지는 것 그 자체만으로도 우리는 이미 무형문화재에 해당된다고 본다.

주요시설 전화번호

긴급전화
위험물신고	032)741-4949
공항경찰대	032)740-5561
공항의료센터	032)743-3119
화재신고	032)741-0119

안내전화
공항종합안내	032)743-0114
관광안내 한국관광공사	032)743-2600~3
관광안내 인천시	032)743-0011
호텔안내	032)743-2570~1
철도여행안내	032)741-7788
우체국	032)740-2900~1

공항홍보시설
홍보전시관	032)741-4730~1
공항전망대	032)746-0286
공항기념품매장	032)743-3790

상주기관
세관신고문의	032)740-3333
출입국관리사무소	032)740-7114~5
여행자검역소	032)740-2700
식물검역소	032)740-2076
동물검역소	032)740-2660
병무신고사무소	032)740-2500
유실물관리소	032)741-3114
우체국	032)740-2900~1

특수여객서비스
한마음서비스	02)6220-0229

*인천국제공항에 정기 취항하는 항공사의 인천공항 사무실 전화번호는 032)741-0114로 문의